KB242365

오늘의 종교, 생각해보기

지은이 ┃ 황치조

· 기독교 신자

· 종교연구가

오늘의 종교, 생각해보기

1판 1쇄 인쇄일 ┃ 2011년 7월 26일
1판 1쇄 발행일 ┃ 2011년 8월 6일

발행처 ┃ 삼한출판사
발행인 ┃ 김충호
지은이 ┃ 황치조

신고년월일 ┃ 1975년 10월 18일
신고번호 ┃ 제305-1975-000001호

411-776 경기도 고양시 일산서구 일산동 1654번지
산들마을 304동 2001호

대표전화 (031) 921-0441
팩시밀리 (031) 925-2647

값 11,000원
ISBN 978-89-7460-163-8 03200

오늘의 종교, 생각해보기

황치조 지음

삼한

| 머리말

자신의 뜻으로 이 세상에 태어난 사람은 아무도 없다. 왜 태어났는지, 왜 살아야 하는지도 모르고 인간을 둘러싸고 있는 이 우주와 자연의 신비한 현상에 경이를 느끼며 회의한다.

그러나 이러한 인간과 우주 자연의 존재에 대한 의문이나 그 오묘하고 신비한 자연현상에 대해 속시원하게 설명해 줄 수 있는 사람은 아마도 영원히 없을 것이다. 그렇다고 이 원초적인 회의를 깨끗이 단념하고 무의미와 무가치를 긍정하면서 마음 편하게 살아갈 수 있을 만큼 인간은 단순하지도 우매하지도 않다.

아득한 옛날부터 수많은 현인과 성자들이 풀어보려고 결사적으로 노력해 왔다는 것을 우리는 잘 안다. 그러나 "우리는 진리라는 미지의 태양을 앞에 놓고 이 사막에서 조개껍질 두어 개를 주운 한낱 어린아이에 지나지 않는다"라는 뉴턴의 말과 같이 뛰어난 정신력의 소유자들인 현인이나 성자들이 노력한 결과가 이 정도라면 우리 같은 범속한 인간들이 길도 없는 진리의 광야를 헤쳐나가려는 생각은 당초 발상에 불과한 것인지도 모른다.

이러한 딜레마에 빠진 인간들의 갈급한 심정에 대해 근사한 대용품의 역할이나마 하고자 등장한 것이 종교와 철학이라고 생각한다. 그 종교의 교리가 그 진리의 길이요, 그 철학의 학설이 바로 우주 자연의 존재를 설명해 줄 수 있다면 인간은 새로운 차원의 세계로 도약할 수도 있을 것이다.

그러나 불행히도 근사치에조차 접근하지 못한 것이 엄연한 현실이다. 더구나 종교나 철학에서 그 해답을 찾아보겠다는 욕망은 앞에서 말한 "인간의 존재와 우주 자연을 설명해 줄 수 있는 사람은 영원히 없을 것"이라는 우리들의 확고한 판단과는 상치되는 개념이므로 이것은 문제도 될 수 없다.

그러나 용케도 종교는 절묘하게 설 자리를 하나 찾아냈다. 그것은 내세(來世)라는 사상이다. 인간의 현실세계는 별로 중요한 것이 아니고 내세에 모든 소망이 이루어질 수 있는 영광된 세계, 즉 있다는 것이다. 이러한 영광된 내세를 얻으려면 물심양면으로 정성을 바쳐 전력투구하지 않으면 안 된다고 종교는 말한다.

그런데 내세의 존재 여부에 관해서는 그 누구도 단언할 수 없으니 긍정하든 부정하든 개인의 주장에 불과할 수밖에 없다. 공평한 입장에서 논하자면 우리의 이성은 이것을 부정하지만 우리의 직관은 긍정하고 싶어하는 경우가 얼마든지 있을 것이다.

역사가 토인비의 분류방식에 의하면 오늘날 이 세계에는 6가지의 고등종교가 있고, 군소 신흥종교와 사이비종교까지 합치면 수천 수만을 넘는다고 한다. 실로 종교의 홍수시대라 할만하다. 이 중에서 사이비종교가 사회에 주는 피해는 우려할 일이지만 소위 고등종교에 속하는 종교의 강령적 교리가 그대로 실천된다면 이 세계는 정의와 사랑이 충만하고 모든 사람들은 행복할 것이다.

불교의 대자대비·불살생·불상해·자미도선타도 등의 교리를 실천하고, 기독교의 마음과 목숨을 다하여 하나님을 사랑하고 이웃을 내 몸처럼 사랑하며 원수를 사랑하고 의를 위해 핍박받는 생활을 실천한다면 적어도 오늘날처럼 살벌하며 그릇된 세상이 되지는 않았을 것이다.

이렇게 볼 때 종교가 사회에 기여하는 부분은 극히 미미해 존재의 의미마저 사라진 것이 아닌가 생각한다. 왜 이렇게 되었을까?

기독교의 경우에는 "그리스도는 하나님의 나라를 지상에 접근시켰으나 하나님의 나라가 아닌 성직자의 나라를 건설했다"라는 칸트의 한마디로 요약할 수 있을 것 같다.

그렇다. 저속한 목사도 있는 것이 현실이다. 그런데도 목사의 한마디가 교리이며 진리이고, 자기 교회의 대형화와 기업화 그리고 목회자에 대한 특권적인 대우가 우선하는 교회의 풍토에서 교인들에게 달콤한 신유설·축복설·천국영생설 등을 뒤로 미루고, 기독교의 근본 강령인 타인을 위해서 손해와 희생을 감수하고, 5리를 가자면 10리를 가고, 속옷을 달라면 겉옷까지 주고, 남을 위해서는 십자가를 지는 고생도 감수하고, 생활터전에서 동료와 이웃에게 봉사하고, 자신의 감정을 죽이고 사랑을 실천하는 생활을 하라고 설교한다면 이해타산에 민감한 현대인들에게 외면당할 것은 뻔한 일이다.

이처럼 종교마저도 시류를 따라 부패한다면 인간 윤리의 최후의 마지노선마저 무너져 버리는 것이 아닌가 걱정된다. 옛날 우리 조상들은 헐벗고 못살았지만 황금과 권력 앞에서 지조를 굽히지 않는 선비정신으로 청빈을 즐기는 생활을 감수했기 때문에 우리 사회의 기강이 유지될 수 있었다고 생각한다.

그 누구보다 골수 크리스천이었던 실존주의 창시자 키르케고르는 "누구도 참다운 크리스천이 아니면서 누구나 크리스천임을 자처하는 것은 정직하지 않다. 하나님 앞에서는 단독자라야 한다"라고 주장하면서 세속화된 교회를 부정하고 신의 참다운 정의를 위해 싸웠다고 한다.

교회가 바로 서고 기독교 본래의 사명을 완수하려면 "새로운 출발을 위해 교회는 궁핍한 사람들에게 교회의 재산을 나누어 주어야 한다. 교역자는 오로지 교인들이 자유의사로 바치는 헌금으로 살거나 가능하면 세속적인 직업에 종사해야 한다"라는 본회퍼 목사의 주장을 실천하는 일이다.

그러나 일반 신도들이야 거론할 필요도 없고 교역자들도 이웃을 위해 자신을 희생하며 사회에 봉사하는 기독교 본래의 사명을 지키기는커녕 자신과 자신의 가족들을 위하는 데는 비신자들과 전혀 다를 바 없는 것이 현실이니 본회퍼 목사의 충고가 먹혀들지 않을 것은 뻔한 일이다.

지금은 본회퍼 목사의 주장에 대해 "이것은 앞으로 큰 바위도 뚫을 만한 물방울의 시초로 보인다"라고 논평한 존 로빈소 목사의 말에 동조하는 후속 부대들이 점점 늘어가기를 기대해 보는 수밖에 없는 것 같다. 새 술을 헌 부대에 담을 수는 없다. 인류는 고대인이나 중세인들은 상상하지도 못한 상황으로 꿈을 실현시키면서 나날이 새롭게 달음질한다. 이처럼 우리의 인식이나 사유체계가 완전히 변모하는 오늘날 교회에서는 고대의 세계상을 여전히 고수하면서 옛날 사고방식을 강요하는 상황이니 이러한 괴리를 합리적으로 조정하는 방도는 없는 것일까?

또 기독교는 심오한 사색이나 수양을 필요로 하는 종교가 아니라 행동하며 실천하는 모범의 종교이다. 그러나 많은 신도들이 이기적인 기복종교로 잘못 알고 있는 까닭은 무엇일까? 기독교에 대한 이러한 것들을 짚어보고자 이 책을 쓰게 되었다.

지은이 황치조

1장

인간의 회의

1. 인간이란 무엇인가

니체는 동물의 무시간성을 지적하면서 "그대 곁을 지나가는 동물을 보라. 저들은 오늘이 무엇인지 내일이 무엇인지 모르고 고락에만 매달려 있다. 그들은 순간에만 매달려 있기 때문에 우수도 권태도 알지 못한다"라고 했다. 하여튼 인간은 동물과는 차원이 다르다는 것은 확실하다. 원시시대에는 별것 아니었는지 모르지만 지금은 대단할 정도로 인지가 발달해 달은 물론 우주까지 여행할 수 있는 시대가 되었다.

인간은 연역적 또는 귀납적 방법으로 우주 자연의 법칙을 일부 발견하기도 했고, 치밀한 추리력으로 자연과학을 발전시켜 봉화 대신 전화를 만들었다. 더구나 정보화시대로 접어들면서 무인공장에서 우리가 필요로 하는 다양한 물품들을 대량으로 생산하고, 가정에서는 자동기계로 원하는 식탁을 차리고, 집에 앉아서 회사의 일을 보거나 원하는 공부를 하는 등 앞으로 어디까지 발전할지 모를 정도이다. 그러나 "과학은 단지 어떻게 존재하는가를 들을 수 있을 뿐 왜 그런가를 물을 수는 없다"라는 콩트의 말처럼 과학이 아무리 발전한다고 해도 분명히 한계는 있을 것이다.

아무튼 우리의 관심은 존재 자체이고, 인간을 비롯한 우주와 자연의 모든 존재가 왜 이렇게 존재하는가이다. 그러나 인간이 인식하는 한계를 초월한 형이상학적인 세계에 대한 것은 알아낼 도리가 없으니 불가지(不可知)할 수밖에 없다. 거기에는 깜깜한 칠흑과 같은 신비가 있을 뿐이다. 신비란 한마디로 모른다는 말이다. 인간의 인식을 초월한 세계에 대해서는 알지 못하는 것이 오히려 당연한 일일 것이다.

그러나 "인간은 선천적으로 철학자이다. 왜냐하면 인간은 불가피하게 존재에 대한 질문을 던지기 때문이다"라는 틸리히의 말처럼 인간은 나는 누구일까, 나는 왜 이렇게 사는 것일까에 대한 원초적인 의문을 갖게 마련이다. 50억 년 전부터 태양은 빛났다고 하는데 인간을 둘러싼 이 자연과 우주는 대관절 무엇이란 말인가? 강도의 차이가 있을 뿐 누구나 이러한 의문들을 품으면서도 잡다한 일상에 밀려 잊어버리고 살아간다.

인간을 비롯해 실재하는 모든 것은 인간의 사슬을 벗어날 수 없는 것이 자연의 엄격한 법칙이다. 사슬로서의 이 시간이란 과연 무엇일까? 이 시간은 언제부터 시작되었고, 언젠가는 끝나기도 하는 것일까? 이에 대해 혹자는 '시간에는 시작과 끝이 있을 수 없는 것'이라 하고, 혹자는 '만일 우주가 절대적으로 비어 있다면 아무 일도 일어나지 않고 시간은 없을 것'이라고 주장하지만 솔직하게 모른다고 하는 것이 옳을 것 같다.

시작도 끝도 알 수 없는 이 시간. 이 시간이라는 불가사의한 사슬에 얽매여 오늘도 내일도 속절없이 불안한 마음으로 무(無)라는 종착점을 향해 흘러갈 수밖에 없는 인간이란 도대체 무엇인가? 끝을 알 수 없는 광막한 우주에서 인간은 도대체 어디서 와서 어디로 가는 것일까? 삶의 의미는 무엇이고, 삶의 목적은 무엇인가? 이러한 의문들은 옛날 옛적부터 많은 사람이 생각해 온 진부한 물음일지 모르나 오늘 이 시간에도 절실하게 다가오는 의문이다.

길을 가는데 누군가가 "어딜 그렇게 열심히 가세요?"라고 물었을 때 "모른다"라고 한다면 이것이야말로 넌센스일 것이다. 그러나 이것이 오늘날 우리가 처한 상황이다. 이렇게 삶에 대한 인간의 물음은 영원한 숙제이고, 명백한 답을 찾지 못하는 것이 우리의 운명인지도 모른다.

유사 이래 많은 학자들이 이 원초적인 물음에 대한 답을 찾고자 필사적으로 노력해 왔고, 형이상학적인 철학이론들을 수없이 발표했지만 역불급(力不及)이었다고 말할 수밖에 없는 것이 현실이다.

유물론의 경우 물리학의 실재(實在) 개념도 19세기까지는 원자들이 시간과 공간 속에서 법칙적으로 상호 작용과 운동을 통해 이 세계의 다양한 현상들이 이루어진다고 생각했다. 그러나 현대물리학은 일정한 시간과 공간을 고정으로 차지하는 그런 실재를 설명하지 않고 추상적인 개념으로 설명한다. 즉 원자는 공간적인 연장성이 없고, 이 작고 미미한 물질은 관찰하는 각도에 따라 미립자 혹은 파상적인 것으로 나타나기도 한다는 것이다.

이것은 불변의 객관적 실체라는 주장을 불가능하게 만든다. 종래 물리학의 기초가 되는 실체라는 개념은 현대물리학에서 그 근거를 잃어버렸음을 발견한다는 것이다. 데카르트는 "인간의 육체와 영혼은 각각 2개의 실체"라고 주장했지만 독일의 관념철학자 피히테는 "나는 실체가 아니라 기능"이라고 주장했다.

불교의 '색즉시공(色卽是空) 공즉시색(空卽是色) 제행무상(諸行無常)'이라는 교리가 색(色)이란 존재(物)를 지칭하는 것이라면 색(色)이 왜 공(空)이 되는가 하는 의문이 생긴다. 그러나 우리가 실존하는 것은 인(因)과 연(緣)으로 오온(五蘊)이 결집되어 작용하기 때문에 하나의 가합(假合)일 뿐 실체는 없다는 것이다. 따라서 찰나에 생주이멸(生住異滅)하는 가변적인 것으로 공(空)한 것이며 허망한 것이라고 한다.

헤겔이 "존재와 무(無)는 같은 것"이라고 주장하고, 하이데거가 "존재의 모든 성격은 시간적이며 그것은 원래 무(無)였다. 이를테면 존재는 무(無)처럼 더듬어 찾는 것이고, 묻자마자 사라지는 것"이라고 하는 것을 보면 '존재=무'라는 등식이 실감난다. 우리 모두가 예외없이 일정한 시간이 흐른 다음에는 무(無)가 될 것에 의심의 여지가 없지 않은가.

불과 30~40년이라는 시간으로 서로를 알아보지 못하는 이산가족의 경우나 사람의 외모가 일생 동안 완전히 다른 사람처럼 변하는 것을 보면 어느 것을 진정한 나라고 주장할 수 있을까?

헤라클레이는 "이 세계에는 고정적이며 불변하는 것은 없다. 실재하는 것은 모두 생성하며 소멸하는 과정의 움직임이다"라고 말했다. 삶이란 하나의 흐름이며 생성과 소멸하는 과정에 불과하다면 결국 고정적인 나는 없다는 뜻이다. 그렇다면 나는 누구란 말인가? 이렇게 우주만물이 생성과 소멸의 과정을 거치면서 운행되는 자연법칙은 영겁의 시간을 통해 소리없이 흘러갈 뿐 어떤 예외도 용납되지 않는다.

그러나 눈 앞의 현실문제로 바쁘게 살아가는 우리는 자신을 응시해 볼 겨를도 없이 자신은 그 누구도 대신할 수 없는 절대적인 존재라고 확신하면서 '자신＝우주'라고 생각한다. 그래서 철저한 이기주의가 판을 치고, 온 세계에 자신을 주장하는 아우성만이 가득한 것이다. 그러나 확실한 것은 얼마 지나지 않아 모두 역사의 뒤안길로 사라지고 거기에는 영겁의 정적만이 감돈다는 것이다.

불교에서는 '대아(大我)는 우주 생명 바로 그것'이라고 한다. 이 우주의 생명과 일체가 되어 있다는 것이다. 인간의 생명은 우주의 생명이 개별화·개성화된 것이고, 인간 생명의 특질로서 능동성·발동성의 힘을 가져다주는 근원적 실재는 우주 생명에 내재하는 법(法)이라고 한다.

이 법은 우주에서 여러 가지 현상을 일으키고, 나아가 그 현상 사이에 엄연히 조화를 유지하는 모든 법칙의 근원이 되는 실재인 것이다. 이 법에 근거한 우주의 운행은 그 자체가 만물의 조화를 이루고 유지하려는 자비 또는 사랑이라고 할 수 있다.

그러므로 인간이 자기 중심성을 발휘하는 것은 이 조화를 어지럽히는 일이고, 우주 생명에 내재하는 법을 지향하는 것은 우주의 조화에 따르는 것이라고 한다. 형이상학적 실체나 세계를 주재하는 신 같은 것은 없다고 주장하면서 출발한 것이 불교이다.

토인비는 "불타는 자아라는 꼬리표가 달린 장작개비가 타버린 열반의 상태에서 절대적인 실재와 일치한다는 범아일체(梵我一體)를 발견했다. 이것이 참으로 자타일여(自他一如)의 무상(無相)의 자기를 발견하는 것이며, 주객불이(主客不二) 물아일여(物我一如)의 경지이다. 선(禪)은 대립의식이 없다. 모든 것이 자기이고, 이를 뒤집으면 자기는 없다. 무아(無我)이다. 양자는 결국 같은 것이다. 이것이 진실한 자아이며 불성(佛性)이다. 주객미분(主客未分)의 순수한 경험이다"라고 했다.

루마니아의 신부이며 작가인 게오르규는 그의 저서 『25시』에서 인간의 타락을 풍자하면서 "이제는 예수 그리스도가 재림하지 못할 것이다. 땅 위에 사람이 모두 없어졌는데 예수가 무엇 때문에 오겠는가"라고 했다. 게오르규의 눈에는 오늘날의 문명사회가 인간성을 상실한 야수처럼 보였던 것이다.

소크라테스는 "반성없는 인생은 살 가치가 없다"라고 했다. 인간은 쉴 새 없이 자기 자신을 찾고, 살아 있는 동안 자신의 생존조 건을 검토하며 천착해 보아야 한다는 말이다.

어떤 신화에서는 토지의 신에서 흙을 빌려 육신을 만들고, 영혼의 신에서 생명과 호흡을 빌려 불안의 신이 인간을 만들었는데, 이 세 신들은 저마다 인간을 차지하려고 했다고 한다. 그리하여 최고의 신에게 재판을 부탁했는데 인간이 살아 있는 동안은 불안의 신이 갖고, 죽은 후에는 육신은 토지의 신이 갖고, 영혼은 영혼의 신이 가지라고 했다고 한다. 이처럼 인간이란 실존철학의 특질인 불안 속에서 살아야 할 운명인 모양이다.

2 우주란 무엇인가

우리는 보석을 뿌려놓은 듯 찬란하게 펼쳐져 있는 밤하늘을 쳐다보면서 경이로움과 신비감에 빠져든다. 어느 정도의 거리인지 그 개념조차 파악하기 어려운 광년이라는 단위의 속도로 190억 년을 달려가도 우주의 끝을 알 수 없는 것이 현대과학의 한계라고 하니 이 광대한 우주의 신비에 아연할 수밖에 없다.

한없이 멀고 먼 저 우주의 어느 별에 생명체가 살고 있는 것일까? 있다면 그들의 모습은 어떨까? 미국의 천문학자들이 외계에도 생명체가 존재한다는 것을 확신하고 그들이 보내오는 신호를 탐지하는 데 노력한다는 기사를 보았다.

코넬 대학의 천문학자인 칼 세이건 박사는 "각기 2천억~3천억

개의 별을 거느리는 은하계가 1천억 개나 있는 우주에서 우리의 태양만이 생명체가 사는 행성을 가진 유일한 별이라는 생각은 웃기는 이야기"라고 하면서 "어떻게 우리만이 우주의 유일한 생명체란 말인가?"라고 반문했는데 이에 대해 확실하게 대답할 수 있는 사람은 아무도 없다.

어떤 사람이 지구의 4억~5억 년 역사를 1년으로 줄여 계산해 보았다고 한다. 결과 10월쯤에 생명이 생겨, 12월 23일에 파충류가 생겼고, 12월 26일에 포유류가 생겼고, 12월 30일 밤에 사람이 생긴 셈이라고 하니, 인간의 역사와 문화가 시작된 것은 겨우 10초 전의 일이다. 인간이 우주의 신비에 대해 아무것도 알지 못하는 것은 당연한 일이라고 할 수 있다.

한편 빠른 속도로 발전하는 과학에 대해 인간들은 지나치게 도취되어 자화자찬하는 경향이 있지만 사실은 아직도 아이들의 소꿉장난 수준인지도 모른다. 또한 우리 인간들 뿐만 아니라 지상의 모든 유기체의 생명 바로 그것인 태양은 어떠한가? 사실의 진위는 알 수 없으나 태양과 우주에 대한 학자들의 주장을 들어보자.

태양은 별들 속에서 약 45억 년 전에 태어난 하나의 평범한 별이다(9개 행성이 각각 위성을 거느리고). 우리가 사는 이 지구도 태양과 함께 태어났고, 이 지구상에 태어난 우리의 몸도 그러한 원소로 이루어졌다.

태양의 중심부는 매초 5억 6천 4백만 톤이 열과 빛으로 바뀌므로 태양은 매초마다 5억 6천 4백만 톤씩 가벼워진다. 만일 태양이 처음에 수소만으로 되었다면 그것이 전부 헬륨으로 바뀌기까지는 1천억 년이 걸릴 것이다. 그러나 수소만으로는 되지 않아 융합반응에 따라 바뀌는 것은 온도가 높은 중심부의 소수뿐일 것이다. 그러면 대체로 그 10분의 1인 100억 년으로 볼 수 있고, 태양의 남은 수명은 50억 년 정도가 된다.

그리고 모든 상황으로 미루어 보아 지금부터 약 20억 년 전에는 태양의 밝기가 지금의 80% 정도였을 것이다. 앞으로 50억 년이 지나면 지금보다 몇 배 더 밝을 것이고, 나중에는 태양이 점점 더 늙어 수천 배로 밝아지면 지구는 녹아 없어질 것이다. 그리고 수백 수천억 년 후에는 태양도 일생을 마친 다음 흰 왜성(矮星)이 되고, 수성·금성·지구도 사라질 것이다.

구경 5m의 망원경으로 볼 수 있는 수십만 광년의 먼 거리에 있는 성운은 매초 30만km라는 놀라운 속도로 멀어져(부풀어) 가는데, 빛의 속도와 같은 속도로 멀어져 가는 성운에서 오는 빛은 영원히 볼 수 없게 될 것이다. 그야말로 우주의 지평선으로 그보다 더 먼 우주는 알아낼 도리가 없다.

우주는 현재 계속 부풀고 있는데 속도가 점점 줄어들면서 최대 크기까지 갔다가 다시 작아지기 시작할 것이다. 그러면 성운이나 별도 우주의 모든 물질이 한데 뭉쳐 처음의 우주로 돌아갔다가 다시 두 번째 세대의 우주로 부풀기 시작해 이것이 끝없이 반복될 것이다.

그러나 한편에서는 "에네르기 불멸율은 그대로 있어도 에네르기는 점점 하급 에네르기로 바뀌면서 이용가치가 줄어 우주의 활동이 마침내 휴지상태로 함몰될 것"이라는 반대 학설도 있다.

'모든 별은 다 먼 데 있는 태양'이라는 별들의 한평생은 성간 물질이 성운의 소용돌이 속에서 인력이 발생해 점차 뭉쳐진다. 내부의 압력과 중력이 같아지면 더는 줄지 않는다. 중심부의 온도가 1,000℃ 이상으로 올라가면 수소의 융합반응이 일어나고, 연쇄적인 핵 폭발로 인하여 막대한 원자력이 생겨 빛과 열을 발산하기 시작해 훌륭한 태양과 별이 된다.

별의 중심부에는 연료인 수소가 줄어들고 그대신 타고 남은 찌꺼기인 헬륨이 쌓인다. 헬륨이 무겁게 쌓이면 온도가 수천 도나 높아지고 별의 노년기가 시작된다. 별의 진화의 마지막 상태는 어떤 원인으로 별 내부에 거대한 폭발이 일어나 화려한 최후를 마친다고 하니 나고 죽는 생성과 소멸의 자연법칙은 우주 안 어디서나 마찬가지일 것이다.

그런데 그렇게 젊은 별과 늙은 별이 공존하면서 활동하지만 그 수명이 특별히 길어 수십억 년 또는 수백억 년이라는 것이 경이롭다. 그리고 우주의 크기는 한계는 있으나 끝은 없다고 하는데 이것은 또 무슨 뜻인가? 아무리 우주가 넓고 커도 한계가 있는 것은 당연하나 만약 한계가 있다면 그 바깥에는 또 무엇이 있다는 의미이다. 그러나 이 우주 밖에 또 다른 공간이나 무엇이 있다고는 도저히 상상할 수 없으니 아무튼 불합리한 개념이 아닌가 생각한다.

3. 지구란 무엇인가

1) 지구의 과거사

지구의 과거와 미래에 대한 재미있는 가설 중의 하나인 피터콜

로시모의 이야기를 옮겨본다.

지구의 표면은 어느 정도 굳기는 했으나 그래도 여전히 엄청난 경련을 일으키며 거대한 변동을 일으킨다. 대지는 원시의 대양 위에 솟았다가도 거대한 손에 반죽이 되어 뒤틀어지듯 다시 바다 밑으로 가라앉는다.

그러다가 다른 해역에서 새로운 육지가 솟아오르고, 바닷물은 솟아오른 육지의 굴곡진 틈을 통해 거대한 화구자리로 흘러들어 간다. 그리하여 지각 내부의 뜨거운 열기를 받아 엄청나게 거대한 수증기의 기둥을 하늘 높이 솟구치게 한다. 이윽고 최후의 정적이 찾아온다.

지구의 표면은 약 10억 년 전부터 하나의 거대한 대륙으로 응결되었다고 한다. 그 후 3억 년이 지나 지구의 모양은 다시 바뀌었다. 격심한 지각의 경련에 의해 광대한 대륙의 일부가 함몰해 바닷속으로 자취를 감추고, 육지가 함몰과 융기를 수없이 거듭하면서 새로운 대륙이 형성되었을 것이다. 이러한 대륙의 하나는 오늘날의 태평양 대부분을 차지하고, 마다가스카르에서부터 스리랑카, 폴리네시아에서부터 이스터 섬, 그리고 남극까지 뻗은 대륙이다.

이렇게 말한 학자는 이 대륙을 레무리아 대륙이라 불렀고, 이미 2억 5천만 년 전인 이첩기(二疊紀)에 형성되었다가 약 6천만 년 전의 대변동 때 여러 단계에 걸쳐 형태를 바꾸다가 자취를 감추었다고 한다. 오늘날은 바다에 의해 갈라져 있지만 옛날에는 육지로 이어진 대륙이었음을 알 수 있는 자료는 동식물의 분포이다.

2) 지구의 변동

지구의 외관을 바꾸는 운동 중에는 조륙(造陸)과 조산(造山) 활동이 있다. 조륙활동은 육지를 솟아오르게 하거나 가라앉게 하는 운동인데, 오랜 세월 서서히 이루어지므로 우리가 쉽게 분간할 수 없다. 조산활동은 산을 만드는 운동인데, 조륙활동에 비해 비교적 짧은 시간에 일어난다. 이에 대해 에드워드 스에스나 더어너는 다음과 같이 말했다.

융기한 토지와 토지 사이에는 거대한 공간이 생기고, 이 공간에는 위에서 굴러떨어진 물질들이 쌓인다. 점점 덧쌓여 내리누르는 암석들의 압력에 의해 그 공간의 밑바닥은 온도가 매우 높아지고, 그 밑바닥의 암석은 마그마에 의해 침식 용해되어 심층부의 유동체는 공간을 뚫고 지표 위로 솟아오른다. 이것이 모두 굳으면서 새로운 육지가 되고 산이 된다.

미국의 해양기술위원회는 하와이 제도 근처의 해저가 몇 천 평방킬로미터의 넓은 범위에 걸쳐 상당히 빠른 속도로 융기한다는 사실을 확인했다. 몇 해 전까지만 해도 평균 수심이 3,500m 정도였는데 도처에 넓은 모래벌판이 드러나고, 미드웨이에서는 놀라운 속도로 그 범위가 넓어지고 있다.

알프스 산은 서서히 북쪽으로 이동하고, 로스엔젤레스의 볼드윈 산맥은 100년에 1m 정도씩 활 모양으로 휘어 솟아오르고, 센자킨 계곡의 유전은 100년에 1.3m나 솟아오르고, 프랑스 북부는 가라앉아 도보 해협으로 잠겨들어가고, 지중해나 비스케 만 쪽은 지반이 솟아오르고, 발틱 해의 스웨덴 쪽 해협도 미미하기는 하나 1년에 5mm 정도씩 분명히 솟아오른다는 사실을 확인했다.

이와 같이 고대의 대륙과 오늘날의 대륙은 그 양상이 완전히 다르다. 100만 년 전까지만 해도 아드리아 해는 오늘날 포우 강 유역의 평야를 덮었고, 영국은 섬이 아니라 대서양 쪽으로 뻗어나간 반도였다. 장차 우리는 태평양 가운데 새로 나타난 신대륙이나 해저가 솟아오르기 때문에 북해로 바닷물을 흘려보내는 발틱 해가 평야로 바뀌어 그 곳을 걸어다니게 될 것이다.

이렇게 보면 태고에는 지구에 있다가 해저로 가라앉은 대륙이 다시 드러나 지구의 지형이 태고의 지형으로 다시 돌아가는 것은 아닐까 하는 생각이 든다. 그러나 지구의 변동은 여기서 멈추는 것이 아니다. 베게너의 학설을 더욱 발전시킨 헤프구드가 1960년에 대륙은 여전히 계속 표류하고 있다고 발표한 내용을 옮겨본다.

지구가 표류하는 중요한 원인은 지구의 자전에서 모든 원심력의 작용 때문이다. 이 원심력 때문에 남극 대륙은 인도 쪽으로 이동하고, 그에 따라 대지의 이동이 연달아 일어나는 것이다. 국제지구관측련의 조사에 의하면 남극의 얼음에 뒤덮인 대륙은 지축에서 500km나 이동한 것을 확인했다고 한다.

대륙이 이런 속도로 계속 이동한다면 1만 5천 년 후의 지구는 전혀 다른 모양이 될 것이다. 예를 들어 유럽이나 그린란드는 적도 바로 밑으로 오고, 중국이나 극동 지방은 새로운 북극의 얼음 밑에 묻힐 것이고, 나이지리아에서

앙골라에 이르는 해안선은 남극의 범위로 들어갈 것이다.

3) 지구의 종말

진화론으로 유명한 찰스 다윈의 아들 조지 다윈이 그의 제자들과 연구한 결과에 의하면 40억 년 전의 달과 지구는 거의 붙어 있는 상태였다고 한다. 이 때는 한 달과 하루의 길이가 같았는데 그 값은 7시간이었고, 달과 지구의 거리는 해마다 12cm씩 멀어져 갔다고 한다. 또 바다의 밀물과 썰물은 지구가 자전하는 방향과 반대로 작용하기 때문에 지구의 자전에 제동을 가하는 결과가 되어 지구의 하루가 점점 길어지는 데서 문제가 발생한다고 한다.

지구의 자전속도는 12년에 1초씩 느려진다고 한다. 따라서 500억 년이 지나면 달은 지구에서 55만km의 먼 곳으로 떨어져 나가고, 오늘날의 평균 거리 38만km보다 갑절이 멀어지면 지구의 하루는 거의 1개월과 맞먹게 되는데 현재의 24시간을 기준으로 하면 47일이나 된다.

다시 말해 지구의 하루는 지구를 중심으로 도는 달의 공전주기와 같아지므로 지구는 달에 대해 항상 같은 측면만을 보이면서 운행할 것이다. 따라서 달과 마찬가지로 564시간이나 되는 긴 낮 동안에 지구는 도가니처럼 달아오를 것이고, 564시간이나 되는 밤 동안에는 암흑과 추위에 시달리게 될 것이다. 장시간에 걸친 태양의 복사열이나 암흑에 대해, 즉 태양광선에 대해서는 차일 역할을 할 수 없을 것이고, 해가 진 후 대지에 흡수되었던 열을 보존하는 보온병의 역할도 할 수 없게 될 것이다.

또 지구의 자전이 달의 공전보다 늦어지면 밀물과 썰물이 지구의 자전을 가속화시키는 작용을 하게 될 것이다. 그러면 달은 다시 지구로 접근하다가 마침내는 지구의 인력에 의해 멸망할 것이다. 강한 인력으로 끌려오던 달은 원심력과 구심력의 틈바구니에서 일그러졌다가 어느 순간 폭발할 것이다. 그리고 이 충격으로 지구에서는 일제히 대지진이 일어나 모든 화산이 크게 폭발할 것이다.

이렇게 지구가 멸망하려면 오랜 세월이 걸린다는 간단한 이유 때문이라도 지구는 결코 이런 식으로 멸망하지는 않을 것이다. 왜냐하면 태양의 수명은 앞으로 100억 년 밖에 남지 않았다고 하기 때문이다. 즉 500억 년이 지나 지구가 멸망하기 전에 100억 년대에 태양이 먼저 종말을 고할 것이기 때문이다.

4. 자연이란 무엇인가

자연이란 글자 그대로 인공이나 인위를 가하지 않은 천연 그대로를 말한다. 그러나 자연이라는 개념 속에는 우주의 삼라만상과 천지만물이 다 포함된 것으로 인식되어 있다. 인간들을 둘러싸고 있는 이 자연의 다양함과 변화무쌍함과 그 현란한 아름다움은 말로 다 표현하기 어려울 정도이다.

지금까지 과학적인 방법으로 조사해서 알려진 종의 수는 식물이 약 50만 종, 동물이 약 120만 종이나 된다고 한다. 형형색색의 아름다운 색채와 상상을 초월하는 아름다움을 갖춘 위대한 자연의 조화와 신비에 감탄할 수밖에 없다.

더구나 인간들까지도 획일적이 아니라 그 모양이 조금씩 다르다. 백색·황색·갈색·흑색·적색(이것은 토인비의 분류방식으로 갈색은 인도에 사는 드라비다 인과 인도네시아에 사는 말레이 인, 적색은 안데스·마야·유카탄·멕시코 문명)으로 다양하고, 각 민족마다 특징이 있는 것을 볼 때 이 자연계 안에는 천문학적인 수의 생명체들이 공존하며 살아가고 있다는 것을 알 수 있다.

미국과 소련의 두 우주인이 우주에 갔을 때 한 사람은 달의 신비에 도취되어 하나님의 조화를 찬양하고, 한 사람은 우주의 어디에도 신은 존재하지 않는다며 비꼬았다고 한다. 두 사람의 생각에 모두 공감이 간다. 왜냐하면 한 사람은 달 자체에 경이와 신비감을 느낀 것이고, 한 사람은 형이하학적인 안목에서 그렇게 느낀 것이기 때문이다.

구약성경에는 "태초에 하나님이 천지를 창조하시니라"라고 하여 하느님이 6일 동안에 천지만물을 창조하고, 마지막 날에 인간을 창조했다고 되어 있다. 중세까지는 감히 이의를 제기할 수 없어 그대로 믿었으나 현대의 진화론이 그런 안정되고 고정된 세계는 없다면서 창조설을 완전히 부정한 것이다. D. 아텐보로가 그의 저서 『생명의 신비』에서 주장한 자연의 생성과정을 옮겨본다.

지구를 둘러싼 수증기의 구름이 융결해 바다를 이루었다. 그 바다는 아직 뜨거운 상태였고, 지구의 표면에는 태양의 자외선이 강렬하게 내리쪼였을 것이다. 그 강도는 매우 심했는데 오늘날의 동물들을 모두 죽일 수 있을 정도였다. 구름 사이에서는 전기 폭풍이 몰아치고, 번갯불이 육지와 바다를 내리쳤을 것이다.

1950년대에 당시 지구를 구성했던 화학 성분들이 어떤 변화를 일으켰지에 대해 실험을 했는데, 당시 기체들과 수증기를 혼합시켜 방전시키면서 자외선을 주입시켰다. 그리하여 1주일이 지나자 아미노산 등의 복잡한 분자가 형성되었다. 이것으로 미루어 볼 때 지구의 역사 초기에는 이런 종류의 분자들이 바다에서 형성되었다는 것은 의심할 여지가 없다.

수백만 년이 지나는 동안 이 물질들은 농도가 높아지고, 분자들 간에 상호작용이 더욱 왕성해져 더 복잡한 화합물질들이 형성되었을 것이다. 그리고 운석에 의해 외계의 어떤 성분이 추가되기도 했을 것이다. 이런 현상이 거듭되다가 마침내 여러 가지 물질 중에서 생명의 탄생에 결정적인 계기가 된 물질이 나타났을 것이다. 이것이 바로 DNA이다.

DNA는 구조상 2가지 중요한 특성이 있다. 하나는 아미노산의 합성을 위한 청사진 역할을 할 수 있는 것이고, 또 하나는 스스로를 복제할 수 있는 능력이 있다는 것이다. 이 물질의 등장으로 인하여 분자들은 전적으로 새로운 출발점에 들어섰다. 왜냐하면 DNA의 2가지 특성은 바로 박테리아와 같은 생명을 가진 유기체의 특성이기도 하기 때문이다.

박테리아는 우리가 알고 있는 것 중에서 가장 단순한 형태인데, 인류가 지금까지 발견한 가장 오래된 화석에도 남아 있다. 어떤 것은 30억 년 이상이나 되는 것도 있다. 박테리아는 처음에는 원시 바다에서 수백만 년이나 걸려 축적된 여러 가지 탄수화물을 섭취했다.

그러나 박테리아들이 점점 번성하자 먹이가 부족해졌다. 이러한 상황에서 다른 것을 먹는 박테리아가 나타난다면 크게 번창할 수 있을 것이다. 마침내 그런 박테리아가 생겼다. 이들은 태양의 에너지를 끌어들여 자체의 세포벽 내부에서 스스로 양분을 만들기 시작했다. 이것을 광합성이라고 한다.

광합성 과정에서 필요한 성분 중의 하나가 수소인데 이것은 화산 분출 때 다량으로 생성된다. 만약 박테리아가 그들의 수소 공급원을 화산작용에만 의존했다면 널리 번성할 수가 없었을 것이다.

그러나 어디에나 풍부하게 널려 있는 자원, 즉 물에서 수소를 추출할 수 있는 새로운 박테리아들이 생겨났다. 이러한 박테리아의 출현은 그 다음에 생길 모든 생물들에게 지대한 영향을 미쳤다. 왜냐하면 물에서 수소가 빠져나가면 산소가 남기 때문이다.

이러한 새로운 능력을 가진 생명체들은 종전의 박테리아보다 구조가 더 복잡한데 남조류(藍藻類)라고 부른다. 이들은 광합성 과정에서 수분 사용을 가능하게 해주는 화학작용 물질을 갖고 있는데 이것이 바로 엽록소이다.

그들이 만든 산소는 수천 년 동안 축적되어 오늘날처럼 산소가 풍부한 대기를 형성하게 되었다. 산소는 호흡에 필요할 뿐 아니라 자외선으로부터 보호해 주기도 한다. 이렇게 생물은 대를 이어가며 진화를 거듭해 오늘날 우리가 볼 수 있는 다양한 종류의 생물이 생긴 것이다.

이상과 같이 원생동물에서부터 수많은 단계를 거치면서 단순에서 복잡으로, 하등에서 고등으로, 그리고 드디어 현대인으로까지 진화해 왔다는 것을 증거품인 화석을 제시하면서 주장하는 과학에 대해 반박할 여지를 찾기는 어렵다.

  그러나 단순하게 개체들이 환경에 적응하며 변했다는 단편적인 결과가 생물 전체의 진화를 가져온 것인지, 아니면 어떤 의지의 결과인지는 알 길이 없다. 그러므로 진화론을 무신론으로 단정하는 것은 아직 성급한 결론이라고 생각한다. 여기서 다시 불가지론(不可知論)에 봉착할 수밖에 없다.

| 2장 |

설명할 수 없는 우주 자연

1. 기독교적인 시각에서의 고찰

인간들은 우주 자연이 왜 이렇게 존재하는지, 인간이 왜 이렇게 존재하는지 모른다. 하이데거는 "인간은 불안하며 외롭고 낯설은 세계의 나그네와 같은 존재이다. 우리가 그저 이 세계에 눈을 떠보니 우리가 있다는 것을 깨닫고, 그러한 사실에 익숙해지는 듯하다가 곧 만사가 끝나버리는 격"이라고 하여 인간의 피투성(被投性)을 주장했다.

생각해 보면 우리는 자신의 의지와는 관계없이, 또 선택의 자유도 없이 천차만별의 특수한 환경에서 지구라는 행성 위에 던져진 것이다. 그뿐만이 아니라 우주의 삼라만상 가운데 자력으로 존재할 수 있는 것은 하나도 없다. 원인없는 결과는 없다는 것이 우리의 상식인데 인과(因果)의 법칙에 따라 추리해 보아도 제1원인의 원인, 즉 무원인의 원인이라는 논리적 모순에 봉착할 뿐 그 이상은 알 도리가 없다.

유대계 종교에서는 "태초에 하나님이 천지를 창조하시니라"라고 하여 우주 자연이 존재하는 원인은 바로 하나님이라고 선포했다. 이것으로 천추만고를 통해 현인과 성자들이 고민해온 인간의 원초적인 회의가 깨끗이 해명된다면 인간은 행복해질 수 있을까?

그러나 하버트 스펜스는 "신이 세상을 창조했다는 신학자는 신을 누가 창조했느냐는 질문에 대답할 필요가 있다"라고 말했다. 이러한 스펜스의 말 또한 논리가 있고 진실된 질문이라고 인정해야 한다. 더구나 스피노자는 "모든 것은 영원한 법칙에 따라 움직인다. 하늘 어느 구석에 자리잡고 있는 독재자의 지시로 움직이는 것이 아니다. 사람들은 신을 인격적인 모습으로 상상하는 경향이 있으나 신은 그런 모습이 아니다"라며 인격적인 신을 부정했다.

그러나 본 장에서는 기독교적인 시각에서 고찰하는 것이므로 기독교 교리의 주장에 따라 서술하기로 하겠다. 기독교 교리에 의하면 인격신인 하나님은 천지만물을 창조하시고, 섭리하시고, 무소부재하시고, 전지전능하시고, 공의로우시고, 지공무사하시고, 사랑 자체이시고, 참새 한 마리도 하나님이 허락하지 않으면 절대로 땅에 떨어지지 않는다고 한다. 심지어 한 사람 한 사람의 머리카락까지 세고 계실 정도로 세밀하게 섭리하신다고 한다.

그리고 목사들은 모든 것은 하나님께서 그렇게 되도록 섭리하신 것이므로 매사에 감사하라고 설교한다. 하기야 우리 가 살다보면 행복한 마음이나 감사한 마음이 저절로 일어나는 경우도 있다. 그러나 그 반대의 경우에도 감사해야 한다고 한다. 그것은 자식을 지극히 사랑해 매를 드는 부모의 마음과 같기 때문이라고 한다.

특히 맹인이나 농아나 뇌성마비 등 각종 신체장애인들은 겉으로 볼 때는 가혹한 멍에일지 모르지만 우리가 알 수 없는 하나님의 뜻이 있으므로 역시 감사해야 한다고 한다. 또 누구는 억만장자의 자식으로 태어나 부와 권력을 누리는데 왜 나는 가난뱅이의 자식으로 태어나게 했느냐고 항의해서도 안 된다고 한다. 아무리 나쁜 상황에 처하더라도 무조건 감사하면서 감수하고, 영광된 내세를 상상하면서 현세의 불만을 달래라고 가르친다. 이러한 불공평한 사태를 인간의 지혜로는 알아낼 도리가 없는 것도 사실이다.

사도 바울은 "토기장이가 진흙 한 덩어리로 하나는 귀히 쓸 그릇을 만들고, 하나는 천히 쓸 그릇을 만들 권리가 없느냐?"라고 질책했다. 그러나 공의와 사랑의 정신에 배치되는 권위의식이 내포된 독재자의 말투 같아 석연치 않다.

아무튼 오늘날의 상황은 인격신이신 하나님의 섭리로 전개된다고 생각하기에는 너무 살벌하며 질서가 없다. 한편 자연생태계에서 소위 먹이사슬로 부르는 잡아 먹히고 먹는 양육강식의 처절한 상황은 너무나 무자비하다는 생각이 든다. 그러나 그 배후에는 차원 높은 오묘한 섭리의 일환으로 생성과 소멸의 자연법칙이 운용되는 것이고, 종족과 생명이 유지 계승되게 하는 것인지도 모른다는 긍정적인 생각도 들게 한다.

그러나 인간 세계에서는 윤리와 도덕은 이미 빈사상태가 되어 뒷전으로 밀려났고, 정의라는 개념도 행방불명이 되어 권력만이 군림한다. 선(善)이나 시(是)의 주장은 모기 소리만도 못하고, 악(惡)과 비(非)가 판을 치고, 법은 권력 앞에서 얌전한 시녀노릇을 한다.

이렇게 힘이 만능이었던 시대 유럽의 백인들은(그들은 모두 크리스천이었다) 온 세계를 뒤져 원주민들이 조상이 대대로 살아온 땅을 강제로 점령하며 학살했고, 태평양 전쟁 당시 일본은 동북아와 동남아 일대를 침략해 수백만의 양민을 학살했고, 독일의 히틀러는 무고한 유대인 600만 명을 학살하는 등 전율할 악행들을 감행했다. 그러나 그들은 징벌을 받기는커녕 최고의 번영을 누리고 있으니 어찌 하나님의 섭리를 운운할 수 있다는 말인가?

특히 인간의 고통 중에 가장 큰 것이 굶어 죽는 것이라고 하는데, 필사적으로 노력해도 먹지 못해 해골처럼 뼈만 앙상해지다가 결국 목숨을 잃는 처참한 광경을 볼 때 이것은 인간에 대한 모독이라는 생각이 든다. 예지여정설에 의하면 굶어 죽기로 예정된 크리스천이 주어진 운명에 감사하며 천국의 영생만을 사모하면서 기뻐할 수 있다는 말인가.

오늘도 에티오피아나 방글라데시나 아프리카 일부 지방에서는 수십 수백만이 굶어 죽어가고 있다. 그러나 소위 경제대국이라는 선진국들은 세계 식량의 절대량에서 차지하는 비율이 턱없이 높아 물쓰듯 낭비하고, 심지어 애완동물의 식비가 상식을 벗어난 호화판

이라고 한다. 이렇게 부조리한 상황을 하나님의 섭리라고 강변할
수 있을까?

철학적으로도 교부철학은 봉건사회에서 노예와 억압받는 사람
들의 봉기가 빈발했을 때 교회와 봉건 지배자들은 정치적으로 뿐
만 아니라 사상적 지배 강화의 목적에서 스콜라철학으로 대체되었
다고 한다. 이 때 일부 노예와 시민들은 종교적 환상으로 위로를
받고 현실적인 고통을 달래면서 내세에 희망을 걸고 살기를 시사
했던 것이다.

교부철학의 대표자격인 테를툴리아누스는 "불합리하기 때문에
나는 믿는다"라는 어처구니없는 궤변으로 갑자기 유명해져 경탄을
받았고, 아우구스티누스는 "신은 행복한 천국을 세웠지만 암흑의
세속 국가는 악마가 만든 저속한 것이다. 빼앗길 것(神)이 없는 것
만을 사랑해야 한다. 물질생활을 경시하며 반항해서는 안 된다"라
고 하면서 아주 노골적으로 편을 들었다.

체코 사람인 잔 후스는 중세 때 교회가 광대한 토지를 점유하는
것을 모든 죄악의 원인으로 규정하고, 교회의 재산을 몰수해야 한
다고 주장하다가 이단으로 몰려 화형에 처해졌다.

이상에서 보는 바와 같이 기독교적인 시각에서 우주 자연의 존
재를 설명한다는 것은 타당성이 부족하다는 생각이 든다.

2. 불교적인 시각에서의 고찰

이상에서 검토한 인간의 원초적인 불공평한 상황을 불교에서는 어떻게 말하고 있는지 살펴보기로 한다. 우리나라를 비롯한 동북아시아의 불교는 불타 당시의 원시불교(소승불교)에서 분파된 것으로, 자연인이었던 불타를 신격화하면서 모든 사람이 구제받을 수 있다는 교리로 발전한 대승불교이다. 사색과 금욕과 고행으로 깨달은 자가 되려는 소승불교와는 달리 타력본원(他力本願)이며 자미도선타도(自未度先他度)의 보살도이다.

보살은 자신의 수행공덕으로 최고의 목표인 열반에 도달할 수 있는 단계에서 중생의 제도를 위해 만뢰구적(萬籟俱寂)하고 적멸위락(寂滅爲樂)의 경지에서 윤회의 속박에서 벗어날 수 있는 인간 최고의 이상을 포기하는 것이다. 불교에서는 인간의 운명을 카르마(宿業)의 결과로 해석한다. 작가인 춘원 이광수는 이것을 예금통장에 비유하면서 예입금을 선행으로, 인출금을 악행으로 계산해 현재의 잔고가 바로 그 사람의 내생을 결정한다고 소박하게 표현했다.

아무튼 불교의 윤회사상은 선인선과(善人善果) 악인악과(惡因惡果)의 결산이 내생에 그대로 결과된다고 한다. 현세에서 악행을 많이 한 사람은 내생에서는 인간으로 환생하지 못하고, 부귀영화는 전생의 업보로 보상을 받는 것으로 해석한다.

그렇다면 오늘날의 상황을 보면 내생에 동물계로 전락할 사람이 더 많을 것 같고, 만약에 동물계로 전락하면 동물계에는 윤리나

선악의 구별이 없으니 다시는 인간으로 환생하기는 어려울 것이다. 그러면 이 세계에는 인간은 점점 사라지고 동물만 늘어나는 결과가 될 터이니 삼생윤회설을 그대로 믿기는 어렵다. 슈바이처는 불타에 대해 다음과 같이 논했다.

불타는 유일한 최고 존재의 존재를 부인했을 뿐만 아니라 개체 영혼의 존재도 부정했다. 불타는 전생윤회와 전생윤회에서의 해탈을 초월적 존재의 관념에서 해방시키지 못했고, 전생윤회의 이론과 부합시키지도 못했다.

불타는 해탈을 생존의 중지라는 자신의 이론에서 왕왕 벗어났고, 상카절과 자이나교의 경우처럼 해탈을 영원하며 행복한 안식으로 볼 수 있다고 주장했다. 불타를 자비윤리의 창시자라고 생각했고, 불살생(不殺生) 불상해(不傷害)의 계율은 불타에서 나왔다고 생각했다. 그러나 이것은 사실이 아니다. 그는 자이나교에서 이힌사의 계율을 발견하고 그것을 채용한 것이다.

영원불변하는 개체 영혼의 존재를 부정하는 불교의 교리와 윤회설과는 모순되는 이론이라는 것을 쉽게 느낄 수 있다. 이것이 타당한 설명인지는 모르지만 불교 승려 나이가세에나의 등불에 관한 비유를 들어본다.

불꽃은 시시각각 변한다. 결코 초저녁의 불꽃과 한밤중의 불꽃은 같지 않고, 한밤중의 불꽃은 새벽의 불꽃과 같지 않다. 마찬가지로 연속적인 내가 될 만한 것은 없다. 그럼에도 이것은 하나의 등불의 꽃이다. 이 등불에 의존해 불꽃은 시시각각 다른 것으로 존재하면서 마치 하나인 것처럼 있는 것 뿐이다. 초저녁의 불꽃은 현세의 우리이고, 한밤중의 불꽃은 내세의 우리인 것이다.

불타는 처음부터 "형이상학적인 논의는 무의미한 것"이라고 잘라 말했다. 불교는 형이상학적인 현상계, 즉 존재의 근본문제보다는 인간의 생로병사와 애증회고 등 소위 4고 8고 등의 인간의 고통이나 한계를 극복하기 위한 욕구에서 시작되었으므로 존재문제를 불교에서 찾는 것은 어려운 일인지도 모른다.

그러나 처음부터 브라만교의 영향을 많이 받은 불교는 시간이 가면서 유명한 선사들이 나오고, 각자 교리를 달리 해석하면서 다양한 종단으로 분파되어 불교의 교리가 변질되었다는 것을 알 수 있다. 대승불교에서 말하는 '범아일여(梵我一如)'는 브라만교의 '아트만(個我)은 브라만(宇宙生命)'이라는 교리와 같은 의미라는 것을 알 수 있는데, 이는 불타의 교시와 다르다.

다음은 종교가 우주 자연을 설명하지 못했다는 토인비의 의견을 옮겨본다.

현상 자체를 설명하지 못한다는 점에서 모든 종교는 같다. 이와 같이 우리가 의식하는 현상은 이 현상 밖의 나머지 모든 것이 인간에게 명백히 드러나지 않는 그 우주의 한 단편일 따름이니 전체 설명의 관건은 인간이 인지하거나 이해할 수 없는 부분 가운데 숨어 있다. 그러므로 우리를 둘러싼 우주는 하나의 신비한 존재이다. 이 신비한 우주 속에는 인간이 확실히 느낄 수 있는 사실 하나가 있다. 즉 인간이 우주의 절대적인 존재 중에서 가장 위대한 존재가 아니라는 것이다.

인간은 우주를 부분적으로만 이해하면서 그것을 약간 지배할 수는 있으나 인간이 우주를 창조하지 않은 것은 명백하다. 인간의 목표는 현상 배후에 있는 정신적 존재와의 교통을 추구하는 일이고, 인간적 실재를 절대적 정신적 실재와 조화시키는 목적에서 그 교통을 추구하는 것이다.

3. 다양한 시각에서의 고찰

아득한 옛날 사람들은 오늘날의 우리와는 외모뿐만 아니라 정신적인 면에서도 많이 달랐을 것이다. 학자들은 인간이 직립상태로 진화한 것이 약 400만 년 전이라고 추정한다. 그 때는 사회에 어떤 규범도 없었고, 남녀관계도 일정한 배우자가 있는 것이 아니라 동물의 세계처럼 난혼(亂婚)시대가 오랫동안 계속되었을 것이다.

이러한 미개한 시대를 거쳐 현재의 모계나 부계, 일부다처제나 일부일처제 사회로 정착된 것은 인류사 전 과정에서 보면 극히 최근의 일이다. 더구나 존재의 본질이나 우주의 본질적인 실재문제에 대해 회의를 갖게 된 것이 언제부터인지는 알 수 없다.

현재 문자로 남아 있는 기원전 7~8세기경의 그리스철학이 있을 뿐이다. 그 때 벌써 데모크리토스는 "만물은 원자로 구성되었고, 객관적인 세계에서는 원자와 공허밖에 존재하지 않는데 공허는 비존재이다. 비존재가 존재하지 않는 것이 아니라 비존재가 있기 때문에 공허 속에서 원자가 운동을 할 수 있는 것"이라고 했고, 탈레스는 "지상의 만물은 모두 물에서 생겼고, 마지막에는 다시 물로 돌아간다"라고 생각했다.

또 헤라클레이토스는 "연소하거나 꺼지면서 영원히 계속 존재하는 것은 불"이라고 생각하면서 불의 변화에 의해 지상의 만물이 생겨난다고 했고, 피타고라스 학파는 "만물의 근원은 물질이 아니라 일종의 추상적 비물질적인 수(數)이다"라고 하면서 수는 "인간이 인식하기 이전에 이미 존재하는 것"이라고 했다. 그 때도 프로타고라스와 피른의 쾌락설이나 신비주의와 절충주의 등 다양한 이론이 있었다. 그러나 거의 3천 년이 지난 현대의 철학은 별다른 진전을 보이지 않는다는 생각이 든다.

소크라테스는 "지상의 만물이 이렇게 되어 있는 것은 객관적인 법칙에 의한 것이 아니라 신이 목적을 갖고 배치한 것"이라 했고, 플라톤은 "현실세계는 진실되지 못한 가변적인 세계로 영구불변의 이데아의 세계가 따로 있다"라며 관념론을 주장했다. 그 후 순수한 철학이라기보다는 기독교 교리를 뒷받침하는 교부철학과 스콜라철학 등을 거쳐 수많은 학설이 제창되었고, 최근에는 실증주의·실용주의·실존론까지 등장했다.

한편 인도에서는 옛날부터 내려오는 종교와 철학들이 많은데 한결같이 사색과 명상을 필요로 한다는 신비주의적인 경향으로 발전했다. 요가 학파의 경우 일상생활의 저편에는 절대 정(靜)의 신비경이 있는데, 그 경지에서 절대자와의 합일이 실현된다고 생각한다. 요가란 마음이 통일을 이룬다는 뜻이고, 요가 수행자는 세계의 원초적인 근원에 대한 황홀한 신적달관을 성취한다고 한다. 즉 대상만이 빛나고 마음 자체는 공(空)과 같이 되는 것을 말한다.

베다안타 학파의 경우는 최고아(最高我)와 개아(個我)의 관계는 원질과 그 전개물과의 관계가 마치 불과 불꽃과의 관계와 같다고 한다. 그리고 나야아야 학파는 무수히 많은 원자가 오랜 옛날부터 불변불멸하면서 존재하는데 그것을 만든 제1 원인은 존재하지 않는다고 한다.

힌두교에서는 신을 우주 밖이나 우주 위에 있는 우주의 창조라라고 보는 것이 아니라 우주가 거기서 발생한 제1 근원이라고 생각한다. 힌두교는 단순히 신에게 복종하기만을 요구하는 것이 아니라 완전히 귀의해 신과의 합일을 원하므로 신비주의적인 사상을 갖는다.

브라만교의 브라만은 일체의 존재나 위대한 사물의 영혼은 세계의 영혼과 같다는 신비주의를 위대한 비의(秘義)로 생각한다. 브라만은 모든 생명의 거주지 노릇을 하면서 일체의 생명 속에 내재한다. 일체의 존재에서 자신을 보고, 자신에게서 일체를 보는 사람은 아무 조건없이 최고의 브라만으로 들어간다. 브라만은 일체의 존재 속에 내재하고, 일체의 존재를 유지하는 근원력이고, 유일한 신은 만물 속에 숨어 있고, 만물을 관통하고, 만물 속에 영혼으로 살고 있다고 한다.

슈바이처는 "샹카 이론에 의하면 세계는 서로 결합된 우수한 물질 존재와 영혼 존재로 구성된다. 비물질적 영혼은 섬세한 물질의 심리적 영혼과 결합한다. 후자는 에테르처럼 눈에 보이지 않는 불멸의 물체라고 생각한다. 왜냐하면 샹카 이론은 물질의 영원성을 주장하기 때문이다. 인간이 죽을 때 소멸하는 것은 그의 조야한 물질의 신체뿐이다. 불멸의 자아, 즉 에테르와 같은 육체는 비물질적인 영혼과 더불어 새로운 재생으로 들어간다"라고 했다.

중국에서는 공자와 맹자를 비롯해 많은 학자와 학설이 나왔다. 묵자는 이미 기원전 500년경에 예수의 사상과 조금도 다름없는 이웃사랑의 겸애설(兼愛說)을 제창했고, 양주의 쾌락설 등이 있다. 왕충은 "사람의 생사는 마치 물이 얼면 얼음이 되고 녹으면 물이 되는 것과 같다. 사람이 죽으면 의식이 없어지는 것은 불이 꺼져 빛을 잃는 것과 같은 것이다. 만일 사람이 죽어 귀신이 된다면 천지에는 귀신이 가득할 것"이라고 했다.

우리나라에도 여러 학자가 있었다. 그 중에서 율곡 이이는 주자의 이기이원론(理氣二元論)을 계승해 성리학을 발전시켰다. 율곡은 형이상자(形而上者)인 무형무위(無形無爲)의 이(理)와 형이하자(形而下者)인 유형유위(有形有爲)의 기(氣)가 혼융무간(渾融無間)의 관계에서 각자 기능을 발휘해 모든 존재가 나타난다고 보았다.

주자학에서는 사람이나 만물은 기가 모여 이루어지는 것이요, 사람이 죽는다는 것은 기가 흩어지는 것에 불과하다고 한다. 그렇다면 제사는 왜 지내는 것일까? 유교의 이기(理氣) 논리 가운데 가장 큰 모순은 바로 이것이다.

성리학은 성(性)이 곧 이(理)라는 개념으로, 기(氣)는 형체가 없으나 쉬지 않고 움직인다. 움직이는 상태를 양(陽)이라 하고, 고요한 상태를 음(陰)이라 한다. 이 음양(陰陽)의 변화운동이 오행(五行) 금목수화토(金木水火土)를 낳았고, 이 오행(五行)이 다시 융합해 만물을 낳았다고 한다.

지금까지 각자의 시각에서 주장하는 종교와 철학의 학설들을 주마간산격으로 훑어보았다. 이 모든 학설이 한결같이 우주의 궁극적 본질이 심(心)이냐 물(物)이냐 하는 철학의 2대 범주에 속하므로 결국 철학 논쟁은 관념론과 반관념론으로 압축할 수 있다. 그러나 관념론이든 반관념론이든 논리의 한계점에 와서는 형이상학적 세계라는 벽에 부딪혀 더 나아가지 못하는 것은 마찬가지이다.

이처럼 인간의 사유능력으로서는 절대 알 수 없는 형이상학적 세계의 본질을 감히 단언하고 설명한다는 것은 방자한 독단이거나 논리의 비약에서 오는 터무니없는 오류라는 것을 누구도 부인할 수 없을 것이다. 싫든 좋든 "유일하게 정직한 철학은 불가지론(不可知論)이다"라는 헉슬리의 주장을 받아들일 수밖에 없고, 다양한 시각에서의 고찰 역시 우주 자연을 설명할 수 없다는 결론을 내릴 수밖에 없다.

3장

철학은 죽음을 연구하는 것

야스퍼스는 "철학을 연구하는 것은 곧 죽음을 연구하는 것"이라고 했다. 인간은 누구나 나름대로 죽음에 대한 태도를 갖고 있을 것이다. 그러나 세상사에 얽매여 심각하게 생각해 볼 겨를도 없이 갑자기 죽음을 맞는 경우가 많다. 죽음이 임박했다는 것을 알면서도 당황하지 않고 담담하게 응할 수 있도록 마음의 준비가 되어 있다면 얼마나 좋을까. 철학이나 종교가 필요한 이유가 여기 있는 것이 아닐까 생각한다.

실존철학에서 죽음은 바로 현재에 작용하는 죽음의 의식을 말한다고 하는데, 한정된 수명으로 태어난 인간들은 태어나는 순간부터 케세라세라를 부르면서 정처없이 흘러가는 거리의 악사처럼 덧없는 행진곡을 연주하면서 무덤으로 향해 가고 있는 애달픈 군상들이 아니라고 그 누가 말할 수 있겠는가.

성 버나드는 "태어난 것은 불행, 사는 것은 고통, 죽는 것은 귀찮은 일"이라고 하여 죽기도 살기도 싫은 묘한 뉘앙스를 풍기는 인간의 정황은 그러하나, 인생은 고해라고 규정하는 불교적인 시각이나 이 세상은 내 집이 아니고 나의 소망은 저 천국에 있다는 타계내세주의로 현실을 도피하고 종교적 환상에 매달리는 기독교적 시각이 반드시 옳다고 생각할 수는 없다.

버트런드 러셀은 자서전에서 "사랑의 결합 속에서 성자와 시인들이 상상한 천국의 신비로운 축도를 미리 보았는데, 그 황홀함은 매우 위대했다. 몇 시간의 즐거움을 위해 남은 여생을 모두 희생해도 좋을 정도로…. 사랑과 지식은 그것을 얻을 수 있는 한 천국으로 가는 길"이라고 찬양하지 않았는가.

자연계의 모든 유기체는 사랑의 행위, 혹은 이와 유사한 방법으로 자신의 복사판인 2세를 만들면서 종족의 존속을 도모한다. 인간역시 사랑하는 남녀의 결합은 어떠한 고뇌와 아픔을 상쇄하고도 남을 신비한 육체의 향연이 아닐까. 여기에 창조와 인생의 의미와 인생의 긍정과 인생을 찬양하게 하는 원동력이 있는지도 모른다. 선(禪)에서 파생된 밀교에서는 인간의 죽음마저도 오르가즘이 된다고 한다. 석지현은 그의 저서 『밀교』에서 다음과 같이 설파해 모두가 두려워하는 죽음에 대해 호기심마저 느끼게 한다.

사랑이란 본질이다. 실재다. 오직 사랑 속에서만 우리는 하나를 느끼기 때

문이다. 육체는 둘로 남아 있지만 육체를 초월한 그 무엇이 하나가 되는 것이
다. 이성(異性)은 본질로 들어가는 문이다.

…사고가 깨끗이 머문 상태, 웃음과 울음이 섞여 이루 형언할 수 없는 감정
의 소용돌이 속에서 부르짖는 혼의 잠 깨인 상태, 그것이 오르가즘이다.

…성은 일종의 죽음인 것이다. 성이 미묘한 죽음이라는 것을 알 수 있다면
이제 죽음은 하나의 큰 오르가즘이 된다. 죽음으로 들어가는 소크라테스는 두
려워하지 않았다. 오히려 죽음이 무엇인가를 알기 위해 열광적이었다. 성의 작
은 죽음을 알고 그 죽음에 뒤따라오는 휴식과 환희를 안다면 보다 더 큰 죽음
을 알고자 할 것이다.

인도의 신비주의 마하무드라의 노래에서도 이와 비슷한 것을
찾아볼 수 있다.

…탄트라(密敎)는 사랑하는 것이다. 무엇이든 부정하는 일은 결코 없다. 탄
트라 외의 어떤 종교도 삶 자체를 조건없이 긍정하는 종교는 없다. 그러나 탄
트라는 삶 자체를 조건없이 무조건 긍정한다.

…남자는 여자 안으로, 여자는 남자 안으로 들어간다. 둘이 하나가 되어 물
결치는 진동이야말로 진정한 오르가즘이다. 사람과 사람 사이에서가 아니라
우주 전체와 이런 현상이 일어났을 때 이것이 바로 마하무드라이다. 마하무드
라는 위대한 오르가즘이다.

…억만의 시간보다 깊고 억만의 시간보다 높은 것, 그것이 마하무드라의
경지이다. 오르가즘이여, 아아, 우주와 내가 하나되는 이 전체여, 그것은 존재
의 근원 속으로 깊이 깊이 녹아 들어가는 것이다.

그러나 오묘한 이 우주는 그렇게 단순하게 해석되고 규정되지 않는다. 세상은 장밋빛 낙원처럼 아름다운 면이 있는 반면 양육강식의 처절한 생존경쟁과 수백 수천만의 굶주리는 생지옥이기도 하다. 민족과 민족이, 나라와 나라가 서로 죽이는 전쟁이 그치지 않는 것이 현실이다. 과거의 역사는 대개 대중이 권력을 잡은 극소수의 부도덕한 이들에게 혹사당했다. 그러나 이제는 민주주의가 가장 보편 타당하며 합리적인 제도라는 것에 동의하는 추세이다.

무지(無知)의 지(知)를 주장한 소크라테스가 귀족주의당의 당위성을 이론적으로 합리화시키는 역할을 담당해 민주주의당이 집권하자 처형당한 것이고, 니체는 초인(超人)과 권력의 의지를 주장하면서 초인은 군중을 노예로 부리는 것이 당연하고, 보통 사람은 초인이 의지를 실현하는 데 쓰이는 도구에 불과하다고 극언하면서 제국주의 전쟁을 찬양하며 독일 민족의 우수성을 강조했다고 한다. 이 이론은 히틀러가 집권하자마자 독일 민족의 우수성이라는 나발을 불어젖히면서 유대인 900만을 학살하는 일로 연결된다.

이처럼 현대의 사고방식으로서는 도저히 용납될 수 없는 귀족주의와 권위주의를 철학자들은 공공연히 제창해 온 것을 보면 도대체 진리가 무엇인지 의아스럽지 않을 수 없다.

기독교에서는 무엇이든지 절대가 있을 뿐이라고 강조하면서 기독교만이 절대 진리라고 주장하고, 불교에서는 반대로 이 세계에는 절대란 있을 수 없다고 펄쩍 뛴다. 과연 "많이 읽으면 읽을수록, 깊이 생각하면 생각할수록 단순한 확신은 불가해한 회의 속으로 빠져들어갔다"라고 한 스피노자의 말에 전적으로 공감한다. 그렇다고 주어진 여건에서 한 번밖에 없는 소중한 인생을 취생몽사하는 식으로 낭비할 수는 없지 않은가.

먼저 실존의 자각없이 일상생활을 기계적으로 해가면서 실존을 잊어버린 사람들을 — 남들이 말하는 대로 생각없이 지껄이고, 물결치는 대로 흔들리고, 참과 거짓의 구별없이 살아가는 사람들 — 야스퍼스는 실존없는 현존으로 규정하고, 하이데거는 거저 인간으로 규정했다.

어쨌든 우리의 최대 관심사는 사후의 문제이다. 죽은 후에는 어떻게 되는 것일까? 사후세계에 대한 학설이나 종교의 교리는 어떤 것이든 가설에 불과하고, 희망이나 환상에 불과할 것이다. 그러나 사람들은 자기 마음에 가장 맞는 학설이나 교리를 하나 택해 진리로 받아들이는 경우가 많다.

공자는 "생을 알지 못하는데 어찌 죽음을 알겠는가(不知生焉知死)"라고 하여 가장 간단하며 솔직하게 사후문제는 알 수 없다고 했다. 그러나 사실대로 지적했다고 해서 그것으로 만족할 수 없는 것이 인간의 욕심인지라 아쉬움은 남는다.

기독교에서는 "예수를 믿기만 하면 황홀하게 아름다운 천국에 가서 영원히 죽지 않고 모든 복락을 누릴 수 있다"라고 설교한다. 그러나 교리를 보면 ① 예수의 공중재림 휴거 ② 7년 대환란 ③ 지상재림 ④ 천년왕국 ⑤ 백보좌 심판 등 복잡한 절차를 거쳐야 할 뿐 아니라 매우 실망스럽고 아쉬운 부분도 있다.

그것은 「마 22:24-30」과 「눅 20:27-36」의 말씀과 같이 "7형제의 남자들과 차례로 부부가 된 여인이 천국에 가서는 누구의 아내가 되는가?"라는 질문에 "천국에서는 장가도 안 가고 시집도 안 가고 하늘에 있는 천사들처럼 다시 죽지도 않는다"라고 한다. 그렇다면 의가 좋은 부부가 젊어서 일찍 사별하고 꿈에서도 그리워하면서 천국에서의 재회를 유일한 소망으로 삼고 살아가는 미망인들의 실망과 고통을 어떻게 위로할 것인가? 이러한 소망마저 충족시켜 주지 못하는 천국이라면 소망도 흥미도 반감될 수밖에 없다.

또 우리가 장차 그렇게 변할 것이라는 천사는 도대체 어떤 것인가? 남자인가? 여자인가? 천사에 대한 개념이 매우 불분명하다. 그러니까 종교는 인간의 편리한 환상이 아니라 주어진 한계를 극복해 보려는 애달픈 욕구의 상징적 의미에서 그 존재 가치를 찾아야 할 뿐이다. 무엇이든 빌기만 하면 모두 이루어진다고 생각하는 것은 종교 교리에도 위배되는 것이고, 이기적인 욕심만 가득 찬 이들의 허망한 꿈에 불과한 것이라고 할 수 있다.

조계종의 서경보 박사는 "극락세계란 석존의 이상적인 이념세계 건설을 의미하는 것이므로 인생정화운동의 설계도"라고 했고, 이성철 종정은 "극락은 남을 나처럼 소중히 여기는 한마음에 있다. 서로 존경하고 사랑하면 영원무한한 행복의 세계가 열릴 것"이라고 하여 결코 극락이 내세의 객관적 세계라고 말하지 않았다. 석가의 자비나 예수의 이웃사랑 정신은 인류가 서로 사랑하여 정의와 평화가 가득한 낙원을 건설해 가려는 뜻이다.

이와 같이 인류의 평화와 공존을 가르치는 근본교리는 모든 고등종교가 다르지 않다. '아트만(個我)＝브라만(宇宙生命)'이라는 브라만교의 교리와 '범아일여(梵我一如)'라는 불교의 교리도 거의 비슷하다. 아라비아어로 이슬람이란 자기방기(自己放棄), 즉 대아(大我)에 봉사하도록 소아(小我)를 포기하는 것을 말한다고 하니 이 역시 같은 맥락으로 해석할 수 있다. 여기서 토인비의 말을 옮겨본다.

우주 속에 있는 물질의 총체를 차지하는 대부분은 영원히 생명과 의식을 지니지 않는데, 어떤 부분은 잠시나마 생명과 결합하는 것은 왜 그럴까? 생명은 왜 죽지 않으려고 노력하고, 성과 수명을 가진 유기체로서 왜 자체를 원형에 충실히 재생하고자 노력하는 것일까? 무기물이 유기적 형태를 갖추는 것은 그 생애에서 극히 짧은 시간의 삽화에 불과한 것이다

한편 실존철학의 거두 하이데거는 다음과 같이 실존적인 삶을 촉구했다.

우리는 원하든 원치 않든 이 세상에 태어났고, 또 살아야 할 운명에 놓여 있다. 그리고 앞으로 올 죽음을 맞이해야 한다. 인간이 피투(被投)된 처지에 단순히 놓여 있지만 않고 하나의 가능성으로서 자기 자신을 실재세계에 기투(企投)해야 하고 결단을 해야 한다. 우리가 우리 자신에게 대하는 것, 다시 말해 우리의 존재 안에서 이 존재에 어떤 태도를 취하는 것은 우리의 존재이다.

이렇게 우리 자신에 대해 어떤 태도를 취하는 것이 바로 실존이다. 실존이라는 개념은 인간 존재에 대한 결정적이고 절대적인 체험은 인간이 자기 자신과 관계하는 것, 즉 인간이 자신과 만나는 것을 의미한다. 이 자신과의 만남은 불안의 정조 속에서 이루어진다. 다시 말해 불안의 정조가 자기와의 만남을 가능하게 해준다.

모든 사람은 자신만의 고독 속에서 죽음을 맞아야 하기 때문에 우리는 죽음을 연구해 보아야 한다.

| 4장 |
노장(老莊)의 낭만

전설 같은 기록에 의하면 노자는 기원전 570년경에 처녀인 어머니가 유성(流星)의 힘에 의해 잉태한 후 모태에서 82년이나 있다가 태어났는데, 태어났을 때 이미 백발의 현자였다고 한다. 그래서 노자라고 부르게 되었다고 한다. 여담이지만 이집트의 왕인 파라오의 위엄은 인간의 아버지에 의해서가 아니라 신에 의해 어머니의 태에 깃들었다고 하는 초자연적인 사고방식이나, 예수가 성령으로 잉태되었다는 기독교 교리의 발상이 신화같이 신비한 노자의 출생설에서 영향을 받은 것이 아닌지 궁금하다.

노자는 자연의 실상을 단지 자연이라고 보았다. 여기서 자연이란 자연계를 말하는 것이 아니라 무위자연(無爲自然), 즉 어떤 주재자가 있는 것이 아닌 무위(無爲)이며 자연인 것이다. 이것이 이른바 노자가 말하는 도(道)의 사상이다. "무시무종(無始無終)의 도(道)는 이름이 없다. 도는 보이지도 않고 이름을 붙일 수도 없다. 나는 그 이름을 모르나 도라고 부를 따름이다." 도의 유일한 입구는 신비주의를 통한 입구뿐이라는 것이다. 그러므로 신비주의적 직관을 언어로 표현할 수 없고, 유사한 자연현상은 물의 생리로써 도는 만물의 배후와 근저에 깔려 있는 만물의 발생처요, 만물이 다시 회귀하는 본원체라고 한다.

노장(老莊)의 인생관에서는 이 세상이 아닌 다른 세상이 없다. 사람이 고통을 느끼는 것은 삶의 외부적인 조건에서 기인하는 것이 아니라 내부의 태도에서 기인한다. 가능하면 이 세상을 즐겁게 살아가는 것 외에 아무 목적이 없다. 슬퍼할 것도 없고 허무할 것도 없고 삶의 의미가 없다고 생각할 필요도 없다.

모든 인간과 모든 생물은 즐거움 자체가 목적이다. 내게 어떤 욕망이 있어 생겼던 고통, 죽음에 대한 공포 등을 마치 한 푼짜리 장난감 때문에 싸우고 우는 어린아이들을 미소로 바라볼 때, 즉 대국적 또는 우주적 차원에서 모든 것을 본다는 것은 스스로를 대자연의 변화에 맡기면서 발버둥치지 않고 살아가는 것이다.

도(道)에서 1이 생기고, 1에서 2가 생기고, 2에서 3이 생기고, 3에서 만물이 생긴다고 했다. 여기서 1은 본체를 말하고, 2는 양(陽)과 음(陰)을 말하고, 3은 음양(陰陽)과 충화(沖和)를 말하는데, 여기에 만물이 나타나는 것이라고 한다. 즉 하는 것도 없고 하지 않는 것도 없다는 것이다. 인간이란 인공적인 형식을 버리고 겸허하며 무사(無私)하고 불멸부진의 자연으로 돌아가는 것, 즉 무위자연(無爲自然)이 되어야 한다는 것이다.

노자의 학설을 이어받은 열자는 만물유전설(萬物流轉設)과 물체항존설(物體恒存說)을 주장했다. 즉 물체는 우주 전체에서 보면 손해나 이익도 없고, 증가하는 것도 감소하는 것도 없다는 것이다. 현대과학이 지적한 에네르기 불멸 원칙을 이미 수천 년 전에 갈파했다는 것이 놀랍다.

노장학파의 장자는 권력에 등을 돌리고 인의(仁義)를 주장하는 공자를 어용학자라고 비난하며, 반권력 반체제의 사상으로 도의 본원(本源)에 따라 인간의 존재양식을 본원적으로 생각하려고 했다.

장자는 아내가 죽었을 때 항아리를 북삼아 두들기며 노래했다고 한다. 연유를 물으니 "사람의 생과 사는 사계절의 순환과 마찬가지이다. 아내는 편안히 하늘과 땅의 품으로 돌아가 천지라는 거실에서 편안하게 잠들었는데 왜 우는가?"라고 했다고 한다.

장자는 사회적 무관심 속에서 항상 자기와 영원을 응시한 철인으로 무위자연(無爲自然 : 인위 아닌 위를 말한다. 인간이 자연을 도구로 삼는 태도의 반대), 만물제동(萬物齊同 : 만물은 나 자신이고 나 자신이 바로 만물이다), 생사일여(生死一如 : 생과 사를 순환하는 한 현상에 불과하다고 보고 생사를 같은 것으로 본다)를 주장했다. 인생을 하나의 놀이, 하나의 산책, 하나의 소요(逍遙)로 본 것이다. 장자의 도교는 삶 자체가 즐거운 소요(逍遙)이고 목적이라는 것이다.

장자의 사상은 상대가 있는 좁은 세계를 떠나 차원을 바꾸는 사상의 입장에서 천지 우주의 운행을 타고 무한의 세계에 노니는 것, 그것이 바로 소요유(逍遙遊)이다. 소요유(逍遙遊)는 무위(無爲)이고, 무위(無爲)는 어떤 인위에도 얽매이지 않는다는 뜻이다. 즉 진실을 캐가며 가식됨이 없이 소요(逍遙)한다는 것이니 이보다 더 멋진 삶이 어디 있겠는가. 우리는 사소한 일에도 낭만적이라는 말을 잘 쓰고, 무언가 살벌한 현실을 떠난 꿈 같은 세계에서 소요(逍遙)하고 싶은 심정이 되는 경우가 많다. 이것이 바로 장자의 낭만이나 장자의 소요(逍遙)와 비슷한 것이 아닐까?

낭만이란 무엇인가? 윤리나 도덕 등 인간을 얽어매는 모든 터부에서 자유로워지는 것이고, 엄격한 이성의 명령과 감시를 벗어나 서정적이며, 최대한 감성의 자유를 만끽하는 것이라고 생각한다. 비록 그것이 현실적이 아니라고 해도 상상으로 실현 불가능한 인간의 모든 환상적인 욕구를 충족시키며, 심지어 입 밖으로 표현할 수 없는 비밀스러운 자신만의 달콤한 환상까지도 자유롭게 상상해 장자가 말하는 무하유지향(無何有之鄕)을 거닐면 그것을 현실적인 사건으로 착각하게 되고, 마음이 한없이 허무해지면서 한없는 자유를 맛보게 된다. 여기에 진짜 낭만의 묘미가 있는 것은 아닐까?

여기서 노장철학의 도가(道家 : 노자·장자·열자)에서 나왔다는 신선설(神仙設)을 살펴보면서 종횡무진한 그들의 낭만을 음미해 보자.

모고산에 신인(神人)이 사는데, 살결이 백설과 같고 아름답기가 처녀와 같다. 오곡을 먹지 않고 바람을 들이키며 이슬을 마시고, 구름을 타며 비룡을 몰고 사해 밖을 유람하면서 영원히 사는데 천지와 함께 끝난다.

허공에 올라 서운(瑞雲)을 밟고 구름 수레를 타며, 천지의 정기를 마신다. 옥으로 담근 술과 황금으로 만든 술을 마시고, 푸른 지초와 주영(朱英)을 먹고, 옥으로 만든 집에 살면서 태청(太淸)을 소요(逍遙)한다.

훨훨 타는 불 속에 들어가도 타지 않고, 검푸른 파도를 밟고 가벼이 걸어간다. 날개를 펄럭여 속세를 떠나고, 바람으로 말을 삼고 구름으로 수레를 삼아 북극성을 넘어서고 굽어 곤륜산에 내려선다.

선인(仙人)은 약물로 몸을 기르고 술수로 연명하며, 몸 안에 병이 생기지 않게 하고, 뇌환이 체내에 들어오지 못하게 한다. 비록 영원히 죽지 않으면서도 젊었을 때의 몸 그대로 변하지 않는다. 진실로 이런 도를 얻으면 어려울 것이 없다.

이렇게 차원높은 세계에서 인생을 하나의 놀이나 산책 또는 즐거운 소요(逍遙)로 긍정하는 낭만적인 철학이 노장 외에 또 어디에 있는가. 세속적인 근심이나 실의나 좌절은 말할 것도 없다. 심지어 절대 피할 수 없는 인간의 한계인 죽음까지도 마치 한 푼자리 장난감을 갖고 울고 웃는 어린아이를 바라보는 어른의 심정으로 본다. 이 세상을 객관적으로 볼 수 있는 초연한 인생관은 우리가 마땅히 배워야 할 방편이라고 생각한다.

또한 노장의 만물제동(萬物齊同)과 생사일여(生死一如) 사상이나 지금까지 설파한 종교와 철학 등의 궁극적 실재 개념에 있어서의 선(禪)의 주객불이(主客不二) 물아일여(物我一如)라든가 브라만교의 '아트만(個我)은 브라만(宇宙生命)'이라든지, 불교의 '범아일여(梵我一如)'라든지, 힌두교의 '타트드밤아시', '너는 그것이니라'라는 뜻은 생물의 개체와 궁극의 실재와의 관계를 나타내는 말이라고 한다. 이와 같이 표현하는 방식은 다양하나 그 사상의 본질은 전혀 다를 바가 없다고 할 수 있다.

지금까지 살펴본 것처럼 인간의 인식능력을 초월한 형이상학적 세계의 실상에 대한 개념으로써 단지 인간의 '느낌'이라는 직관에 의한 판단의 결과가 비슷하다는 것을 알 수 있다. 조지 산타야나는 "인간의 영은 현재로 만족하지 않고 더 나은 생활을 열망하고 죽음을 슬퍼하며 이 변천하는 세계에서 영원한 소망을 가지려고 한다. 인간의 심령이 영원한 것이나 이상적인 것과 동족이기 때문이다. 그러나 나는 솔직히 영원불멸을 믿지 않는다"라고 고백했다.

궁극적 실재에 대한 중국의 우주론을 보면 기(氣)는 우주의 원초적인 질료이고, 이(理)는 형태이며 법칙이다. 이(理)가 물질적 요소인 기(氣)를 작동시킨 것이 우주의 생성이다. 이(理)의 양극(兩極)인 음(陰)과 양(陽)은 서로 반대이면서도 보충하는 관계이다.

양(陽)은 하늘의 본질인 빛과 능동적 활동과 남성을 말한다. 음(陰)은 땅의 본성인 어둠과 수동성과 여성을 대표한다. 음양(陰陽)의 활동은 우주의 5가지 물질과 원소를 창조했는데 이것을 금목수화토(金木水火土)라고 한다. 물론 원소를 5가지로 본 것은 과학이 아직 덜 발달한 시대의 사고라는 것을 감안해서 생각해야 한다.

그럼 기독교의 하나님 사상은 전혀 연관이 없는 특별한 것일까? 기독교의 인격신 사상이나 불교의 근원적인 실재는 우주 생명에 내재하는 법이라는 사상이 유사하다는 의미로 이해한 토인비는 "궁극의 실재를 유대계의 종교는 신, 즉 인격적인 존재로 파악하지만 대승불교에서는 우주의 생명과 그 저류에서 움직이는 법으로 파악한다. 확실히 대아(大我)를 신보다는 법으로 생각하는 것이 설득력이 있다"라고 지적했다.

힌두교에서는 "면이 많은 다이아몬드처럼 진리는 여러 각도에서 빛날 때 더욱 휘황찬란하다"라고 했는데, 가장 적절한 표현이라고 생각한다. 왜냐하면 우주의 자연이나 생명이나 인류가 하나인 바에야 궁극적 실재라든지 그 운영의 이치도 하나일 수밖에 없기 때문이다.

불교에 '일월삼주(一月三舟)'라는 말이 있다. 여기서 월(月)은 절대 진리를 말하고, 삼주(三舟)는 동쪽으로 가는 배, 서쪽으로 가는 배, 정지해 있는 배를 말한다. 동쪽으로 가는 배는 달이 자기를 따라 동쪽으로 가는 것처럼 보이고, 서쪽으로 가는 배는 달이 자기를 따라 서쪽으로 가는 것처럼 보이지만 달은 달의 방향이 따로 있다는 말이다. 이것은 인간의 인식능력의 미묘한 한계를 보여주는 좋은 예인지도 모른다.

장주(莊周)의 호접몽(胡蝶夢) 이야기처럼 우리가 생생하게 인식하는 현실, 이것이 바로 꿈 속인지도 모른다. 인생은 그저 왔다가 가는 것인데 태어난다고 기쁠 것이 무엇이고, 죽는다고 슬퍼할 것이 무엇인가. 또 춘원 이광수의 말처럼 우주의 큰 바다에서 한 종지의 물을 떴다가 엎질렀기로서니 뭐가 아깝겠는가.

끝없이 새로운 경치를 보면서 가는 길과 같이 생사의 신비극이 되풀이되어 우주는 늘 새로워지고 시시각각 새로운 생명을 창조하는 것이다. 이렇게 일푼 일리의 오차없이 질서정연하게 운행되는 자연의 법칙 앞에서 우리는 경건하게 순응할 수밖에 없는 것이다. 조지 산타야나는 "생명은 완전히 기계적이며 물질적이니 사물이 아니고, 상태와 과정에 불과한 의식은 원인적 효력이 없다"라고 규정했으나 생명이란 오묘하고 신비한 세계 최고의 가치를 지닌다.

이렇게 하나밖에 없는 귀한 생명을 투신이나 분신으로 던져버리는 것은 정말 안타까운 일이다. 우리는 노장철학의 낭만의 일면을 배워 좀더 여유있고 낙관적이며 초연하게 살아갈 수 없을까?

| 5장 |

종 교

1. 종교는 시공을 초월한 절대 진리인가

세상에 절대라는 것은 없고, 오늘의 진리가 내일도 반드시 그럴 것이라고 생각하지는 않을 것이다. 그런데 유독 종교에서는 시간과 공간을 초월하는 절대 진리임을 강조한다. 어떤 교역자는 상대이론이 신앙을 죽게 한다면서 절대가 있을 뿐이라고 강조한다.

옳은 말이다. 절대가 아닌 신앙은 생각하기 어렵다. 우리나라에서만도 신흥종교단이 200개를 웃돈다고 한다. 그런데 신도래야 10명도 안 되는 곳에서도 자신들의 교리가 절대 진리라고 주장하는 판이니 종교와 절대 진리는 뗄 수 없는 관계인 모양이다.

아인슈타인은 "과학과 종교 사이에 분쟁이 일어날 이유는 없다. 과학은 되어 있는 상태 그 자체만을 확증할 뿐이지 어떻게 되어야 한다는 당위와는 무관하다. 인격신의 교리는 과학적인 지식이 아직 미치지 못하는 지역으로 피신할 수 있기 때문"이라고 했다. 그러나 과학과 인지가 발전함에 따라 종교 교리의 취약점을 문제삼는 현대 지성인의 수는 증가해 간다.

야스퍼스는 바르트가 절대의 진리로 내세우는 기독교적 계시종교를 "종교가 거듭 거듭 나타나 사라진다"는 아리스토텔레스의 견해와 일맥상통하는 토인비의 주장은 역사의 무대 위에 등장했던 여러 철학과 종교 중에서 많은 것이 도태되어 사라지고 지금까지 살아남은 것은 2개의 철학과 6개의 고등종교라고 규정했다.

그 2개의 철학으로 분류한다고 해도 미얀마나 태국 등 동남아시아에 널리 분포되어 있는 소승불교가 어째서 철학으로 분류되는지 의아한 생각이 들기도 한다. 그러나 명상적이며 사색적인 심오한 우주의 진리를 깨달아 소아(小我)를 멸각 초월하려는 수행방법으로 미루어 보면 확실히 하나의 철학이라고 생각한다. 토인비는 다음과 같이 말했다.

에피쿠로스주의 · 스토아주의 · 중국 철학의 법가(法家)와 맹자학파는 이제 소멸되고 없다. 소승파 철학도 그것이 대승불교처럼 철학에서 종교로 변모해 가는데 이르지 못했던들 오늘날까지 살아남지는 못했을 것이다.

헬레네 문명 세계에서 한때 경쟁을 펼치던 모든 고등종교 중에서 오직 6가지만 이 싸움터에서 살아남았다. 즉 조로아스터교 · 유대교 · 기독교 · 이슬람교 · 대승불교 · 힌두교가 현존할 뿐이다. 미트라 · 퀴벨레 · 이시스 · 유피테를 ·

톨리케누스 등의 숭배는 이제 소멸되어 없어졌다.

2,500년이라는 시간은 인류사의 시간에서는 240분의 1 또는 40분의 1밖에 되지 않는다. 그럼에도 2,500년은 이미 경쟁에서 탈락한 철학과 종교의 생명에 비하면 상당히 긴 시간이라 할 수 있다.

이상에서 보는 바와 같이 토인비는 2,500년은 인류사의 시간에서는 40분의 12 또는 400분의 1밖에 안 된다고 보았다. 그렇다면 2,500년의 400분의 1을 역으로 계산하면 1억 년이 되니, 아마도 토인비는 앞으로 인류의 역사가 1억 년은 더 계속될 것으로 본 것으로 추측할 수 있다.

현대과학은 태양의 수명을 100억 년으로 보고, 이미 50억 년이 지났으니 남은 수명을 50억 년으로 계산한다고 한다. 태양이 늙으면 갑자기 지금의 수십 배 수백 배로 밝아져 지구는 태양열 때문에 녹아 없어진다는 것이다.

과연 지구의 생명이 1억 년이 남았는지, 20~30억 년이 남았는지는 아무도 모른다. 그러나 지구 역시 생성과 소멸의 법칙을 벗어날 수 없으니 언젠가는 끝이 나고, 인류가 다른 행성으로 이주한다고 상상할 수도 있지만 영원불멸을 기대하는 것은 자연법칙에 위배된다고 하겠다. 어쨌든 2,500년 동안의 변화로 보아 장구한 세월을 통해 철학과 종교의 소장(消長)은 흥미진진한 문제임은 틀림없지만 다음 종교의 1순위는 어느 것이 될지는 아무도 모르는 일이다.

토인비는 "서구에서 불교나 힌두교의 세력이 팽창하는데, 이러한 새로운 종교의 확장은 기독교가 젊은 세대의 요구에 적응하기를 거절했다는 뜻이다. 서구에서 신도가 줄어든다는 것은 호소력을 잃었다는 뜻"이라고 논평했다.

본회퍼와 틸리히의 신학관을 지지한 로빈슨 주교는 "기독교는 과학적인 이성으로 받아들일 수 있는 하나님을 제시해야 한다"라고 주장했다. 기독교의 본거지인 서양에서 기독교의 입지가 좁아진다는 것은 기독교의 미래를 시사하는 것인지도 모른다. 그렇다면 불교는 어떠한가? 슈바이처의 지적을 들어본다.

아난다에게 말한 바에 의하면 불타는 자기가 주장하는 진리가 500년 정도 존속할 것으로 예상했다. 그 후에는 구제의 새로운 계시가 나온다는 것이다. 이 예언은 실현되지 않았다. 불타 사후 500년, 즉 기원 초에 그의 이름은 개화기의 최고조에 달했다. 그것은 물론 불타가 주장한 것과 같은 것은 아니었다. 왜냐하면 불타의 사상은 계속 발전했기 때문이다.

슈바이처는 그렇다고 불타의 예상이 전혀 빗나간 것만은 아니라는 것을 다음과 같이 지적했는데 의미심장함이 느껴진다.

세일론·미얀마·태국은 여전히 고대불교에 충실하고, 중국·티베트·한국·일본에서는 대승불교와 대승불교의 파생물이 존재한다. 그러나 오늘날 불교는 인도에서 히말라야 남쪽 산복(山腹)에 있는 네팔을 제외하고는 완전히 사라졌다. 불교가 모국인 인도에서 존속하지 못한 이유는 무엇일까?

불교는 박해 때문에 사라진 것이 아니라 지지자들을 점점 잃었기 때문이다. 불교는 힘이 강해진 브라만교와 널리 퍼진 힌두교와의 경쟁에서 견디지 못한 것이다. 브라만교와 힌두교는 그 신비주의에 의해 불교를 능가한다. 힌두교와 브라만교는 인간 정신과의 합일이라는 기본사상을 주장한다.

불교는 가장 순수한 존재의 이념과 영혼의 이념을 부정해 복잡해졌다. 불교는 샹카설과 쟈이나교와 같이 재생에서의 해방의 이념에만 관심을 갖는다. 일반적으로 말하면 인도에서 불교의 쇠퇴는 결혼생활을 하는 사람도 구제에 참여할 수 있느냐 없느냐의 문제에서 비타협적인 태도를 취했기 때문이다. 결혼생활에 대한 멸시 때문에 불타의 이론은 맞지 않게 되었고, 시간이 경과함에 따라 불타의 철저한 세계 인생 부정은 브라만과 힌두교의 온건한 세계 인생 부정에 패배한 것이다.

그리고 인도의 불교에 치명적으로 타격을 준 것은 마호메트교이다. 쟈바와 수마트라, 그리고 인도의 여러 섬에서 불교를 구축한 것은 이슬람교였다.

이와 같은 역사적 사실 앞에서 "종교가 거듭 거듭 나타났다가 사라진다"는 아리스도텔레스의 지적을 반박할 구실이 없다. 종교란 생성 소멸하는 우주의 지배 아래 있는 한낱 역사적 산물에 불과한 것으로, 인간의 애절한 형이상학적인 욕구에 대한 편리한 환상적인 해답과 희망을 주는 인간의 허망한 필수품인지도 모른다.

더구나 자비나 사랑이나 인(仁)이 종교적인 관념에만 그치지 않고 실천되었다면 지금과 같은 살벌한 세상이 아니라 평화와 사랑이 충만한 지상천국이 될 수도 있었을 것이다. 그러나 종교들은 각자의 교리라는 형식과 율법주의로 빗나가 알맹이 없는 숲만 무성해 인간사회에 득보다 실을 많이 주었다는 것은 부인할 수 없을 것이다. 여기에 종교에 대한 쇼펜하우어의 지적을 옮겨본다.

종교는 대중에게 많은 혜택을 주는 생활필수품이다. 그러므로 종교가 진리를 배격하고 인류의 발전을 가로막더라도 비난은 삼가해야 한다. 그러나 괴테나 셰익스피어와 같은 위대한 정신의 소유자들에게 어떤 종교의 교리를 그대로 믿기 바란다는 것은 마치 거인에게 난장이의 구두를 신으라고 명령하는 것과 같다.

버트런드 러셀은 다음과 같이 지적했다.

신이라는 개념은 모두 고대 동양의 전제주의에서 나온 것이다. 그것은 자유인에게는 전혀 어울리지 않는 개념이다. 사람들이 교회에 가서 자신을 낮추며 가엾은 죄인이니 뭐니 하는 소리를 들을 때 그것은 경멸해야 할 일이다.
…복음서에 표현한 그리스도의 가르침은 기독교의 윤리와는 거의 관계가 없다. 사회적 역사적 관점에서 볼 때 기독교에서 가장 중요한 것은 그리스도가 아니라 교회이다. 만약 기독교를 하나의 사회세력으로 규정한다면 세속적인 복음서에 의존해서는 안 된다. 그리스도는 당신들의 재산을 가난한 자에게 나누어 주고, 싸움과 예배보러 가는 것, 그리고 간음을 벌하는 것을 삼가해야 한다고 가르쳤다. 가톨릭 교도나 신교도는 이러한 점에서 그리스도의 교훈을 추종하려는 강렬한 의욕을 보여준 적이 없다.

임어당 교수는 사후에 영생을 얻는다는 기독교 교리는 신이 인간의 영생을 바라지 않았다고 하는 창세기의 이야기와 모순된다며 다음과 같이 말했다.

아담과 이브가 에덴동산에서 쫓겨난 것은 지혜의 열매를 따먹었기 때문이 아니다. 만일 그들을 내쫓지 않으면 또다시 신의 명령을 어기고 생명나무의 열매를 따먹어 영원한 생명을 얻지 않을까 두려워했기 때문이다.

여호와 하나님이 가라사대, 보라 이 사람이 선악을 아는 일에 우리 중 하나같이 되었으니 그가 그 손을 들어 생명나무의 과실도 따먹고 영생할까 하노라 하시고, 여호와 하나님이 에덴동산에서 그 사람을 내보내 그의 근본된 토지를 갈게 하시니라. 이같이 하나님 이 그 사람을 쫓아내고 에덴동산 동편에 그룹들과 두루 도는 화염 검을 두어 생명나무의 길을 지키게 하시니라(창 3:22-24).

2 기성종교의 시발과 발전

1) 불교

우리는 수십 길의 절벽에서 떨어지는 폭포의 장관을 대할 때 그 장엄하고 힘차며 요란한 물소리와 물보라로 자욱한 그윽한 분위기 에 압도되어 신비감마저 느낀다. 그러나 그 원류인 폭포 위의 물길 을 보고는 평범한 개울 물임을 깨닫는 것과 같이, 산 중의 경승지 마다 자리하는 불교의 울창한 가람들이나 도시 곳곳에 솟아 있는 화려하고 거대한 교회빌딩들, 그리고 이들 종교에 속해 있는 수십 억 신도들을 연상할 때 그 거대한 힘과 알 수 없는 현상에 압도된다. 그러나 이들 종교의 시작이나 발전 상황을 보면 앞에서와 같은 비슷한 느낌을 받는 것이 사실이다.

불교의 교조 불타도 재세시에는 한 사람의 자연인으로 인간의 원초적인 회의로 고민했을 것이다. 인간의 생로병사나 우주와 자연의 현상에 대한 회의에 깊이 빠져들어 사랑하는 처자와 화려한 왕궁을 버리고 출가를 단행했을 것이다. 그 후 금욕과 고행으로 육신을 학대하면서 고행림 우루비라를 방황할 때는 그 역시 한 사람의 평범한 중생이요 범부에 지나지 않았다.

불타의 최대 관심사는 인간의 무지와 무명에서 오는 번뇌와 고통으로부터의 해탈이었다. 전미개오(傳迷開悟) 성불득탈(成佛得脫)한 후에도 종교에서 필수인 형이상학적인 알 수 없는 가설을 논하지 않았고, 오직 우수의 진여실상(眞如實相)을 설했다.

불타는 구시나라의 사라쌍수 아래에서 입적하기 전에 마지막 제자가 된 수발타에게 "수발타야, 나는 29세에 선(善)을 구하러 출가했다. 나는 출가해 50년 동안 정리(正理)와 법(法)의 길만을 걸어왔다. 이밖에 따로 도인이 존재할 수 없다"라고 했다.

이처럼 그는 초자연적인 사건이나 초자연적인 도인이 존재할 수 없다는 것을 설파했다. 또 불교라는 말을 한 적이 없고, 개인의 영혼을 부정하고, 궁극적 실재로써의 신을 부정했다. 그러나 후세에 대승불교에서 불타를 신으로 모시면서 떠받들었으니 역사의 아이러니에 당혹감을 느낀다. 나가무라는 『인도 사상사와 석가의 일생』에서 다음과 같이 서술했다.

불(佛)이라는 말은 불타 재세시에도 있었다. 아, 나는 불이 되었다 하고. 싯타르타는 재세시에는 진리를 체득한 인격자로 존숭되었고, 사후에는 그의 제자들이 그 인격적 감화에 살았다. 그러다 점점 기억이 희미해져 독특한 불타관이 성립되었다. 즉 싯타르타의 역사성이 점점 희박해지고 그 모습이 점점 이상화되어 특별한 위인이자 초인으로 해석한 것이다.

붓다는 당시 인도 민중이 요망하는 이상적 위인이 갖추어야 할 특징인 삼십이인상(三十二人相) 팔십종호(八十種好)를 갖추었다. 특히 마음에는 뛰어난 불가사의한 힘 십력사무외삼념주대비(十力四無畏三念柱大悲)의 십팔공불법(十八供佛法)을 구비했다고 생각한다. 현실적인 존재가 역사적인 존재로 신격화된 것이다.

불교가 발전하자 붓다나 불제자, 성자 등의 유골이나 유품에 대한 숭배가 성행했다. 불상숭배는 아직 일어나지 않아 석존의 상은 만들지 않았다. 그러다가 교단이 발전하면서 조직이 확립되고 계율의 개조(個條)를 제정했다. 교리를 기술한 경전은 석존의 설법기록이라는 형태를 취하면서 부분적으로 조금씩 편찬되었다. 마침내 아쇼카 왕 시대가 되어 상좌부(上座部)와 대중부(大衆部)로 나뉘었다. 싯타르타는 임종에 이르러서도 불교라는 것을 설하지 않았다. 그가 설한 것은 어떤 사상가나 종교가라도 행해야 할 진리의 길이었다.

백법조본(白法組本 : 가장 오래된 불교 원전)에는 없었던 이 최후의 불교시게(佛敎詩偈)에 후세의 경전 작자들이 쓸데없는 것을 첨가해 불교라는 특수한 교를 만들었다. 싯타르타의 전 생애를 통해 살펴보면 그의 교시방법은 구변이 뛰어나게 좋아 사람을 매료시키는 것도 없고, 또 하나만의 신앙을 위해 사람을 외곬으로 몰아가는 강박을 가하지도 않았고, 이단에 대해 분색을 나타 낸 일도 없었다.

그는 단조롭게 보일 정도로 평정한 심경을 간직하면서 고요하고 그윽한 온 정으로 가르침을 설했다. 자세한 문제를 이야기할 때나 놀라운 중대사를 말할 때도 조금도 흐트러지지 않고 한결 같았다. 너그럽고 차분한 태도로 이단이라 할지라도 포용했다. 불교가 후세에 널리 퍼지면서 사람들의 마음에 은은한 빛 을 밝힐 수 있었던 것은 개조 싯타르타의 이런 성격 때문에 덕을 본 것이라고 생각한다.

이렇게 석가의 의사와는 상관없이 불교는 세계로 널리 전파되 었다. 티베트로 가서는 라마교라는(라마는 윗사람이라는 뜻으로 불 타의 화신이라고 생각한다) 종파로 변형되어 달라이 라마는 라사 에 살고, 또 한 라마는 판첸에로디 라마타치룸보에 산다. 전자는 신 성한 보살의 화신이고, 후자는 아미타불의 화신이라고 생각한다. 대 라마는 지상을 통치하고, 또 하나의 라마는 영적 사물에 전심한 다는 식으로 엉뚱하게 발전했다.

우리나라의 대승불교도 엉뚱한 방향으로 발전한 것으로 본다. 법당에 석가의 소상을 모셔놓고 그 앞에서 신도들이 불공을 올리 는데, 아들낳게 해달라, 부자되게 해달라, 무병장수하게 해달라, 재 수대통하게 해달라 등등 온갖 욕심을 충족시켜 달라고 버선코가 닳도록 절을 한다. 그 사이 승려들은 구성지게 독경소리를 읊어 주면서 분위기를 잡아준다.

이런 작태에 불타 역시 우주의 법칙을 파괴하면서 특정인에게만 복을 내려 줄 수 없는 처지를 생각하면서 고소를 머금고 있는 것이 아닌지. 이렇게 엉뚱한 방향으로 변질된 불교를 바로잡을 수 있는 길은 없을까?

2) 기독교

기독교의 발상지인 팔레스타인 지방은 구약성경에서 젖과 꿀이 흐르는 가나안의 복지로 여호와 하나님이 택한 백성(選民)인 이스라엘 민족에게 내린 은혜의 땅이며 최고의 이상향으로 유대민족에게는 동경의 대상이었다. 그러나 비옥한 곳은 별로 없는 척박한 산지라고 하니 이해가 안 된다. 한태동 교수가 팔레스타인의 지리에 대해 서술한 내용을 옮겨본다.

기독교의 발상지인 팔레스타인은 길이가 150마일, 넓이가 60마일로 강원도보다 작은 땅이다. 동쪽에는 넓은 아라비아 사막이 있고, 서쪽에는 지중해가 있으며, 북쪽에는 해발 9,000피트의 헐몬 산이 흰눈에 쌓여 있다. 팔레스타인은 온대에 속하나 사막에서 불어오는 뜨거운 바람 때문에 매우 덥고 건조하다. 구약성경에는 젖과 꿀이 흐르는 땅이라고 했으나 비옥한 곳은 거의 없는 토박한 산지이다.

몇몇 산골짜기에서는 농업을 하나 대개 포도농장이나 목장으로 이용한다. 인구는 예수 당시 150만이었고, 사람이 사는 집은 창이 없고 출입구에서 들어

오는 광선이 있을 뿐이었다. 음식은 변변치 않은 빵·꿀·치즈·생선 등이었고, 겨울에는 화로를 쓰고(10월부터 4~5개월 동안 비와 추위가 계속된다), 밤에는 구워 만든 접시에 램프를 사용했다.

또 애굽과 팔레스타인 사이는 불과 1주일 정도면 오갈 수 있는 거리이다. 그런데도 여호와 하나님께서는 모세에게 홍해를 갈라 건너게 하고, 낮에는 구름기둥, 밤에는 불기둥으로 인도하면서 만나와 메추라기를 먹이고, 암석을 쳐서 물이 나게 하는 등 수없는 이적과 기사를 행하면서 무려 40년 동안이나 고난의 행진을 계속하게 한 이유는 무엇일까?

또 여호와 하나님이 이스라엘 민족만의 하나님이 아니라 모든 인류의 하나님이라면 가나안 복지의 선주민을 대대로 살아온 조상의 땅에서 몰아내고 고토를 빼앗은 잔인성은 무엇인가?

또 구약성경에는 장차의 역사를 예지하고 신의 의사를 전달하는 등 초인적인 소위 예언자가 많이 등장한다. 엘리야 같은 사람은 불말과 불수레를 타고 산 채로 승천해 유일하게 천국으로 직행했다는 등 황당무계한 신화로 가득 차 있다. 이것을 많은 민족들에게 있는 건국신화처럼 유대민족의 건국신화로 생각할 수도 있다. 그러나 이런 사건들을 사실로 받아들이라고 강요하는 것은 현대인들에게는 무리이다.

브레데는 그의 저서 『복음서의 메시아 비밀』에서 예수는 단순히 선생으로 활동했을 뿐인데 사후에 신도들이 메시아로 모셨다고 주장했고, 하르낙은 그의 저서 『기독교의 본질』에서 예수를 현대인으로 근대화한 예수론으로 가장 생생한 모습을 전개했고, 슈바이처는 그의 전집에서 다음과 같이 논했다.

이전에는 기독교 외의 종교는 이교라고 낙인을 찍고 그것으로 만족했다. 기독교는 온갖 사유를 초월하며 그러한 사유와 대결할 필요가 없는 진리가 있다고 주장한다. 그러나 그것은 아무 영향도 줄 수 없는 산성으로 물러가는 것과 다를 것이 없다고 생각한다.

기독교의 기원에 대해 여러 방면에서 의심하게 되었다. 부르노 바우가 여러 저서에서 지적했다. 그는 기독교의 모든 개념이 기원 초기 희랍 로마적 세계의 종교에서 유래한 것이라고 주장했다. 그리고 한 유대교 랍비 예수가 구원종교의 선교자라는 전설이 생겼다는 것이다.

…알투르드레우스 교수는 죽었다가 다시 살아났다는 구원신의 신화에서 기독교를 이끌어내 보려고 했다. …어떤 사람들은 유대인의 선생인 예수가 살아 있었고, 그 가르침 때문에 십자가에 못박혀 죽었다고 말하나 기독교의 창설자는 사도 바울이라고 생각했다. 사도 바울은 동방 희랍적인 구원의 개념을 십자가에 달린 예수의 인간과 사업에 연결시켜 예수를 인간의 구원을 위해 죽은 구세주라고 생각하게 된 것이다.

또한 레펄처 A. 로이췌 박사는 그의 저서 『세계장로교회사』에서 다음과 같이 지적했다.

기독교인의 감독들이 325년에 현재의 이스탄불 근처의 니케아에 모여 회의를 열었다. 콘스탄티누스 황제가 회의를 소집하고 친히 주재했다. 종교회의는 하나님의 아들은 결코 피조되지 않았고, 언제나 존재하시고 아버지 자신과 같은 하나님으로서 동일한 신적이며 영원한 본체라는 결론을 얻었다.

그 다음 시기 또 다른 종교회의에서는 그리스도는 단일한 인격으로 연합된 인성과 신성 2가지의 분명한 성질이 있다고 선언했다. 이 무렵 어거스턴의 참회록에 기록된 그의 경험과 확신들은 그 후의 교회들이 인간의 죄와 영혼에 대한 하나님의 영의 도움의 절대적인 필요 등의 많은 교회의 교리들을 세우는 데 기초가 되었다.

이상에서 보는 바와 같이 종교는 그리 대단하지 않은 동기에서 시작되었다. 그러나 세월이 흐르면서 차츰 교리가 확립되고 체제가 정비되어 거대한 조직과 힘을 갖게 된 것이다. 그동안에 기독교의 권위는 여러 나라 왕들의 위에 군림했던 교황시대를 거치면서 인간의 사유를 초월하며 초논리적인 교리가 제정되었다. 그러나 이에 대한 반작용으로 현대에 와서는 미국 장로교회에서처럼 교리 해석에 합리적인 방향으로 후퇴를 거듭하고 있다.

이와는 반대로 가톨릭에서는 최근까지도 성모 마리아에 대한 교리를 다시 초인간적인 것으로 제정 선포하는 등 시대를 역행하는 일들이 벌어지고 있다. 아직도 종교만은 신화시대에 살고 있는 셈이다. 1950년에 선포한 교리의 내용은 다음과 같다.

① 성모 마리아는 그리스도가 탄생할 때도 동정녀였다.

② 그 후에도 평생 동정녀였다(복음에 보이는 예수의 형제들을 친척이라고 읽는다).

③ 은혜로 가득 찬 자로 창조되고 원죄에서 제위되었다.

④ 영혼과 육체를 갖춘 완전한 인간으로 영원 속에서 부활했다.

네덜란드의 빤파우겐 교수는 인류사의 사유방식을 3단계로 분류했다. ① 신화 형식 ② 형이상학 형식 ③ 실체론적 양식, 그리고 현대는 기능적 양식이라고 규정했다.

이 분류대로 그리스도교의 역사를 정리하면, 성서는 신화 형식을 빌어 모든 사유를 표현하던 시대에 기록한 책이고, 그 책의 내용들을 체계화한 그리스도교의 교리는 형이상학적 양심으로 사유를 표현하던 시대에 대부분 조성된 것으로 보는 학자들이 많다고 한다. 다음은 발타 자아르가 그의 저서 『그리스도 세계의 핵심』에서 주장한 내용을 옮겨본다.

이전의 세대는 모두 종교적인 세계에서 생활했다. 그들의 우주는 신학적인 우주였고, 그들의 생활은 천당과 지옥, 그리고 연옥을 주요 배경으로 삼는 신화적인 연극에서 전적으로 연출되었다. 그러나 세계에 관한 우리의 인식에는 신학적인 우주가 물리적인 우주에게 길을 양보해 왔다. 우리의 실존의 연극은 지구 자체에서 연출된다. 만일 낡은 신학적 연극이 사람들에게 어떤 의미라도 주려면 신학적인 우주관의 무대에서 역사적인 무대로 바뀌어야 한다.

이렇게 초자연적이며 초사유적이고 초논리적인 천래의 복음으로 군림하는 기독교 교리를 현대 지성인들이 아무 저항없이 받아들이기는 쉽지 않다. 이러한 점을 지적한 것으로 보이는 종교개혁자 마틴 루터의 다음과 같은 고백은 그 역시 깊이 회의하며 고민한 흔적을 볼 수 있다.

하나님께서 사람이 되셨다는 사실을 나는 완전히 이해하지 못할 것이다. 하나님께서 천지를 창조하셨다는 말을 배우기 전에 인간은 죽는다. 그리고 그가 천 년을 산다고 해도 결코 완전히 이해하지 못할 것이다.

그리고 우나무나는 파스칼 같은 골수분자도 마음이 편안하지 않아 불안에 시달렸다는 것을 다음과 같이 지적했다. 왜냐하면 우리의 이성은 어떤 의도적인 명령에 무조건 복종하는 편리한 존재가 아니기 때문이다.

파스칼이 신에게 간청하려고 무릎을 꿇었을 때 그는 자신이 갖고 있는 이성의 굴종을 요청했다. 그는 굴종했던가? 그는 굴종하기를 원했으나 오직 죽음 속에서만 안정을 찾았다.

이처럼 루터에게는 영원히 풀 수 없는 회의를, 파스칼에게는 죽음 속에서만 안정을 안겨준 이유는 무엇인가? 나는 기독교 교리의 비논리적인 독단 때문이라고 생각한다.

3. 원시와 현대가 공존하는 종교세계

종교생활이란 적어도 인간의 원초적인 물음인 인간 실존에 대한 의문이나 궁극적 실재에 대한 회의에서 시작되어야 마땅하다고 생각한다. 물론 세상에는 토스토예프스키의 소설에 나오는 미야챠처럼 궁극적인 회의에 열중하는 사람도 있지만 대다수는 별다른 심각함이나 열성이나 절실함 없이 작은 동기에서 종교로 이끌려가는 경우가 많다. 그래서 오늘날 신앙인이든 아니든 사회생활에서는 별 차이가 없고, 오히려 신앙인들이 더 이기적이며 독선적이라는 비난을 듣는 것이 아닌가 생각한다.

사람이 사는 곳에는 어디나 종교가 있기 마련이다. 미개했던 상고시대에는 천둥·번개·어둠 등의 자연현상에 대한 공포 때문에 자연숭배라는 원시종교가 발달했다. 그리하여 해·달·별·산·물·나무·돌·동물 등에 정령이 있다고 생각했고, 이러한 정령은 인간의 생사와 화복을 좌우하는 능력이 있다고 판단해 공물과 희생을 바치면서 재해를 막아달라고 빌었던 것이 아니미즘이다.

고대 우리 민족의 신앙은 천신·자연·선조를 숭배하는 신교(神敎)였는데 선교(仙敎)라고도 한다. 신교(神敎)는 신을 섬기는 종교라는 데서 유래했고, 선교(仙敎)는 신을 받드는 사람이 산에서 살면서 장생불사(長生不死)의 신선도를 닦는다는 데서 유래했다. 그러나 고대인들이 널리 신봉하던 샤머니즘적인 사고가 우리나라에도 들어와 신교(神敎)와 혼합되었고, 이것이 우리나라의 무속신앙으로 토착화되어 오늘날까지도 우리 생활에 무속적인 요소가 깊이 작용하는 것이다. 그야말로 원시와 현대가 공존하는 현상이라고 할 수 있다.

샤먼은 무당을 말하는데 무당은 귀신과 인간 사이를 이어주는 역할을 한다고 한다. 주술과 주법으로 귀신과 인간 사이에서 중간 역할을 하는 것이 그들의 임무이다. 어찌보면 광란에 가까운 춤과 노래는 무당을 황홀경으로 몰아가는 역할을 한다. 이 때 무당은 귀신의 세계로 가거나 귀신을 모셔와 인간의 소원을 들어달라고 달래기도 하고 얼러맞추기도 한다.

그런데 이 귀신은 윤리성이 엄격한 신성한 신은 아닌 것 같다. 왜냐하면 악신으로 보이는 역신(疫神)이나 사신(死神)인 명부왕(冥府王)이나 그 사자(使者)도 돈으로 풍족하게 모시기만 하면 용사허고 들어준다니 말이다.

그리고 이 신들은 술잔깨나 얻어 마시고 선심을 쓰는 풍류객의 인상이다. 집집마다 터주·조왕·성주·삼신·제석·수문장·굴대장군·부출각시·문각시·업 등의 신이 있고, 산에는 산신령, 물에는 용왕, 하늘에는 옥황상제, 명부에는 염라대왕 등 많기도 하다.

천연두는 종두의 발명으로 근절되기 전에는 역신(疫神)의 소행으로 단정해 모두 벌벌 떨었다. 갑자기 심하게 체했을 때나 급성위염에 걸렸을 때도 귀신의 소행이라고 생각해 환자를 뜰 밖에 앉혀 놓고 바가지에다 보리밥과 나물을 말아 이것 먹고 물러가라고 소리치면서 칼을 휘둘러 협박해 소위 객귀 물리는 방식을 취한다.

민속신앙에는 이런 샤머니즘적인 무격(巫覡)만 있는 것이 아니라 둔갑(遁甲 : 자기의 몸을 필요에 따라 절세미녀나 백발노인이나 나무나 돌 등으로 마음대로 변화시키는 술법), 장신(藏身 : 다른 사람에게 보이지 않도록 자신의 몸을 감추는 술법. 그렇다고 피하거나 숨는 것이 아니다), 축지법(縮地法 : 땅을 주름잡아 천리만리를 한 걸음에 가는 것으로 거리가 문제되지 않는다는 술법) 등이 있다. 누구든지 수양해서 도만 통하면 천 리 밖을 내다볼 수 있고, 천 년 후의 일도 예지할 수 있다고 한다. 다시 말해 도만 통하면 무소불능이라는 것이다.

이러한 과대망상적인 미신이 행세하는 세상이니 신흥종교의 교주들은 입산수도해서 도통했다며 천사(天師)·옥황상제(玉皇上帝)·영신황제(迎新皇帝) 등 어마어마한 초인임을 자처하면서 후천개벽사상을 고취시키는 것이다. 후천개벽사상은 기성 고등종교처럼 사후세계를 말하는 것이 아니다. 현세에서 천운이 다하면 선천시대가 끝나고 후천시대가 오는데 그것이 임박했다는 것이다.

무지하면서도 욕심만 가득한 사람의 눈에는 세상일이 우습게 보일 수밖에 없다. 오늘이나 내일 천지가 개벽할 판인데 무엇이 문제겠는가. 얼마 안 되는 가산이라도 몽땅 팔아 교주의 환심을 확실하게 사놓아 이 세상이 완전히 뒤집혔을 때 가장 유리한 고지에서 부귀영화를 누려보자는 속셈이다. 이러한 예가 뉴스로 등장한 것도 한두 번이 아니다.

특히 고찰해야 할 문제는 우리의 토착신앙인 샤머니즘적 기복

신앙이라고 하는 종교의 발생 성장에 알맞은 풍토의 혜택을 입고 있는 것이 다만 신흥종교에 국한된 것이 아니라는 사실에 관심가질 필요가 있다고 생각한다. 왜냐하면 우리나라의 절대 다수를 점하는 불교와 기독교 역시 이러한 풍토에서 급성장했기 때문이다. 그 예가 불교 사찰의 경내에 산신각이나 칠성당이 자리잡은 것이다. 이것은 불교 교리에 위배되는 것인데 불교와 토착신앙과의 습합현상으로 받아들이고 있다.

이러한 맥락으로 기독교 역시 가톨릭 교회에서는 바티칸궁의회의 결정인 아지오르나멘토(적응)이라는 표현으로 토착문화를 수용한다는 자세이다. 비교적 유화적이라고 볼 수 있으나 프로테스탄트 교회에서는 여전히 동맥경화 상태이다. 그러면서도 그 바탕에는 기복을 강조하니 샤머니즘적인 토속신앙과 전혀 다를 바가 없다.

강원용 목사는 "한국 교회에서는 알 수 없는 다이나믹스를 발견할 수 있다. 유명한 목사가 오면 100만 명이 모이고, 새벽기도가 성행하고…. 이것이 바로 샤머니즘의 저력"이라고 지적했다.

특히 이상한 현상은 소위 지식층이라는 이들이 점을 많이 본다고 것이다. 거리에는 소위 철학관이라는 간판을 여기저기서 쉽게 볼 수 있고, 공원이나 유원지 등 사람이 많이 모이는 곳에서는 점술가들이 성업 중이고, 선거철이나 사업을 계획할 때는 점집 문턱이 닳도록 드나들면서 거금을 아끼지 않는다고 한다. 현대는 한마디로 아직도 무지와 착오와 미신의 정글에 싸여 신화시대를 살고 있는지도 모른다.

이는 장구한 역사를 통해 내려오는 토착화된 무속신앙의 영향이 절대적임을 시사할 뿐 아니라, 대개의 경우 따분한 존재문제나 근본문제에 관심이 집중되어 인간의 죽음 같은 것은 나와는 상관없는 남의 일로만 생각하기 때문이 아닌가 생각한다.

아직도 풍수지리나 정감록 신앙이 횡행하면서 정도령이 등극해 후천개벽시대가 전개될 것을 믿는 정도이다. 이렇게 미신이 횡행하는 것은 신흥종교의 영향이 크다는 것을 느끼면서 문상희 교수의 논문 일부를 옮겨본다.

신흥종교의 교조(주)들은 단순히 종단의 창건자일 뿐 아니라 전능한 구세주로 숭배의 대상이 되어 신도들에게 군림한다. 이 구세주들은 한결같이 선천시대가 끝나고 후천시대가 열리는 시점에서 도탄에 빠진 민중을 구하고 평화로운 세계를 건설하고자 이 세상에 왔다고 주장한다.

이들의 유형은 천신이 스스로 강림한 자, 천신의 영이나 계시를 받은 자, 천신의 대리자, 천명을 받고 천도에 따라 나온 자 등으로 나눌 수 있다. 다시 말하면 교조는 초인적인 권능을 지닌 자로, 기적영술이나 도술조화를 자유자재로 부릴 수 있는 전능의 신인(神人)이다.

생각하건대 가난하고 무지하며 무력하고 절망에 빠진 민중이 이러한 초인적 권능을 가졌다고 주장하는 교주의 선전에 쏠리는 것은 전통적으로 도술이나 주술이나 기적으로 가득 찬 민간신앙의 담당자들인 일반 민중에게는 매우 자연스러운 일이다.

4. 신흥종교의 실태

    신흥종단의 소장(消長)은 항상 변화무쌍하나 한국의 신흥종단의 수는 문상희 박사의 논문 『신흥종교의 허구성과 진실성』에 의하면 1975년 현재 대략 241개라고 한다. 문상희 박사의 논문 중에서 일부를 옮겨본다.

    이들 중에는 신도 70만을 자랑하는 큰 종단도 있고, 신도 10명 미만의 작은 종단도 있다. 계룡산 태을교의 신도는 겨우 가족뿐이고, 삼각산의 한임수도원은 교주 한 사람만 있다고 한다. 계보별로 보면 동학계 13종단, 증산계 48종단, 불교계 71종단, 유교계 6종단, 무교계 16종단, 기독교계 25종단, 봉남계 12종단, 각세도 10종단, 계통불명 16종단, 외래교계 8종단 등으로 신도는 모두 합하면 160만 명 정도라고 한다.

1) 동학교계 종단

    교조는 최수운(崔水雲). 서학(西學)인 천주교에 대응해 동학(東學)이라고 했다. 하나님을 외경심으로 대하면서 그의 섭리인 무위이화(無爲而化)를 따라야 한다.

    오도(吾道)는 원래 유(儒)도 불(佛)도 선(仙)도 아니로되 유불선(儒佛仙)은 동학의 한 부분이다. 인내천·사인여천·보국안민·포덕천하·광제창생을 표방하면서 창교했다. 저서로는 『동경제전』과 『용담유사』가 있다.

3대 교주 손병희가 천도교로 개종했으며 시천교·상제교·천요교·수운교·대동교·제세교 등으로 분파되었다. 천도교는 한때 신도가 200만 명 정도로 번창했으나 지금은 70만 정도이고, 다른 종파들도 부진한 상태이다.

2) 증산교계 종단

교조는 증산 강일순 (姜一淳). 모악산 대원사에서 수도하던 중 신비한 체험을 하면서 혜안이 열려 도통했으며 천지신명들까지도 마음대로 부릴 수 있는 권능을 얻었다고 한다.

신도들에게 신화영통(神話靈通)한다는 태을주(太乙呪) 시천주(侍天呪) 등을 송주(誦呪) 수련시켰다. 원천상제(元天上帝)의 권능을 부리는 도술과 조화를 행한다고 한다. 저서에는 『현무경(玄武經)』이 있고, 이상호가 증산의 언행록을 엮어 『대순전경(大巡典經)』을 출간했다.

종파 중에서는 차경석의 보천교(普天敎 : 흠치교)가 한때 세론이 분분했고, 부산의 태극도가 유명했다. 그 외에 증산교회·보화교·신선도·증산선교계가 있다. 증산교는 우리나라 고래의 종교 유산을 빠짐없이 이어 가꾼 종단으로 오늘날 매우 활발하게 활동 중이다.

3) 불교계 종단

불교계 종단 중 대표적인 종단인 원불교는 교조 박중빈이 오랜

기도와 고행 끝에 득도한 후 영광에서 개교했다. 처음에는 불법연구회라는 이름으로 발족했는데 법신불(法身佛)인 일원상(一圓相)의 진리를 근본으로 하고, 교리의 시대화·대중화·생활화를 교지로 하며, 정각·정행·지은·보은·불법활용·무아봉공을 강령으로 한다. 산하에 원광대학교를 비롯해 학교·양로원·병원·고아원·제약업·농장 등을 운영하며 사회에 봉사하고 있다.

이밖에 희사고에 헌금할수록 복을 받는다는 밀가심인당·천화불교·정토종·미륵종·진언종·불입종·일승종 등 71종단이 있는데, 대개 샤머니즘적인 민간신앙의 차원을 벗어나지 못한 것으로 평가받는다. 계룡산에 산재해 있는 선덕암·청학사·정토사 등 40여 개 신흥종단들은 대개 무당종교이다.

4) 유교계 종단

대종교·중앙대종교·대도계·정경학회 등이 있으나 부진한 편이다. 일심교의 교조 강대성은 빈농출신으로 생사를 건 참혹한 수도 끝에 도통했다고 한다. 부부자동인(夫婦子同人)의 생사교역(生死交易)의 수도 공부는 유불선(儒佛仙)의 합일이요, 천지인(天地人) 삼합으로 낡은 운도를 뜯어고쳐 천지선후천을 통합해 춘일원(春日園)의 지상선경을 만들 것이라고 주장한다.

신도들은 대개 소박한 농민인데 긴 머리에 갓을 쓰고 한복을 입는다. 교조를 영신황제(迎新皇帝)라고 믿으며, 해인경(海印經)의 송주(頌呪)로 수도한다.

영가무도교는 교조 김일부가 계룡산에 정사를 짓고 시작했으며 김일부는 『정역(正易)』을 저술했다. 우주 생성의 원리인 오행(金木水火土)에서 나는 오행성(五行聲)인 음아어이우를 노래하고 춤추면서 천인(天人)일치의 경지에 도달하는 수련 공부이다. 신도들은 교조를 천신의 아들이며 미륵불의 재생신으로 믿는다.

5) 단군교계 종단

한말의 지사 나철(羅喆)이 오랫동안 잃어버렸던 단군의 고신교(古神敎)를 재건했다는 대종교는 삼진귀일(三眞歸一)을 근본교리로 삼고, 한민족은 밝달(밝은 땅)에서 사는 한배검(단군 왕검)의 자손이라는 민족의식을 강조하며, 국조 단군을 한얼사람(神人)으로 신봉한다. 일제시대 때는 만주로 가서 광복군을 창설해 청산리 싸움 등의 항일투쟁으로 청사에 길이 빛나는 금자탑을 세웠다.

6) 무교계 종단

우리나라에서 가장 오랜 역사를 지닌 종교로, 민간신앙의 핵을 이루면서 서민층의 생활에 가장 강하게 작용한다. 현재 16개 종단이 있는데 칠성당·무량천도·관성교 등을 들 수 있다. 신명(神明)의 계시를 받았다는 경문에는 천황경·지황경·신장법문·천도가 등의 주문이 있다. 이들은 지성만 드리면 도를 이루고 신명과 통할 수 있다고 믿는다.

7) 기독교계 종단

　기독교계 종단은 약 25개가 있는데 전도관·통일교·기독교대한장로회·용문산기도원·세계일가공회·세일수도원·장막성전·신권도학·시온산교회·베델장로교회·이스라엘수도원·정도교 등을 들 수 있다. 계룡산의 세일수도원과 과천의 장막성전은 묵시적 열광주의운동으로 치닫고 있다.

　김득열 교수는 신흥종교의 특징을 ① 역사의 종말이 임박했다. ② 현실 교회는 타락했다. ③ 메시아시대의 중심은 한국이다. ④ 자기 종파에만 구원이 있다. ⑤ 영적인 특수체험을 강조한다. ⑥ 성서를 문자적으로 해석한다고 지적했다.

8) 찬물교계 종단

　찬물교는 김봉남이 오랜 투병 끝에 발견한 수법(水法) 단식치료운동에서 시작되었다. 수법(水法)이란 주문연송과 단식을 하면서 찬물을 마시면 심신의 죄와 고통과 질병을 모두 물리치고 도통에 이른다는 것이다. 찬물은 생명의 원동력이며 청정한 심법(心法)의 원인이기 때문에 마음속의 죄악과 신체의 질병을 닦아내고 기령(氣靈)이 정통한다는 것이다. 12종파로 갈라져 있는데 백아·용화삼덕도·삼법수도원·대화교·용화교 등이 있다.

9) 각세도계 종단

　교조 이선평(李仙坪)이 어느 날 밤에 '천하대보(天下大寶) 천진

무의(天眞無外) 무궁조화(無窮造化) 각재자(各在自)'라는 글귀가 하늘에 떠 있는 것을 보고 구월산에 들어가 10년 동안 수도하고, 다시 구월산에 들어가 산신에게 빌었더니 황금대자로 쓴 '각세도(覺世道)'라는 세 글자가 남쪽 하늘에 나타난 것을 보고 크게 깨달았다고 한다. 다음 날 다시 '원각천지(圓角天地) 무궁조화(無窮造化) 해탈사멸(解脫死滅) 영귀영계(靈龜靈界)'라는 16자의 주문이 서쪽 하늘에서 나타난 것을 보았다고 한다. 종단에는 창교·대각교·귀화교·천인교·천성교·진정도 등 10개 파가 있다.

10) 외래교계 종단

중국에서 들어온 일관도계의 국제도덕회·대한도덕회 등의 5개 파가 있고, 이슬람교계의 바하이교도 있고, 일본계의 천리교와 창가학회가 사회문제로 번지고 있다. 천리교는 일본 신도(神道)의 십주신을 섬기는 일본의 민족종교인데, 집집마다 가미다나를 만들어 놓고 교조를 어버이 신님으로 모시면서 동방요배를 한다. 창가학회는 일본의 토착불교인 일련정종의 탈을 쓴 신흥종교로, 일본에서도 위험한 종교로 지탄을 받고 있는데 우리나라에서 무인지경으로 활보하는 상황이니 통탄할 일이다.

이밖에 계통불명의 종단으로 금강교·영주교·동도교 등 15개 정도가 있고, 대구 신상호의 정일회는 유불선(儒佛仙)에다 개신교와 천주교까지 합쳐 '명연비현묘지도(明然秘玄妙之道)'라고 하여 묘법으로 모든 병을 고치고 소원을 들어준다고 선전해 무지한 부녀자들을 흡수한다고 한다.

5. 신흥종교의 공통점

우리나라 신흥종교에서 공통적으로 나타나는 현상을 문상희 박사는 ① 교리혼합 ② 지상천국 건설 ③ 주술성 ④ 구세주 신앙 ⑤ 선민사상 ⑥ 샤머니즘 영향 ⑦ 입신(入神) ⑧ 밀교적 교리 ⑨ 기독교의 영향으로 들었고, 이강오 박사는 ① 천지개벽설 ② 신비성 ③ 통합주의 ④ 질병치료 ⑤ 현세주의 ⑥ 정교일치(政敎一致) ⑦ 민족주의 ⑧ 선민사상을 들었고, 탁명환 소장은 성적(性的)인 밀교가 많다고 지적했다.

신흥종교의 공통점 중에서 가장 관심을 끄는 것은 천지개벽사상이다. 이 말세와 새 세계는 극히 가까운 미래라는 시한부이고, 이 새 세계는 어떤 다른 타계가 아니라 우리가 사는 바로 이 땅이며, 가난과 고통과 질병에 시달리던 사람들이 건강과 부와 권력을 누릴 수 있다는 것이다. 자기네 교를 믿고 힘쓰면 후천시대에는 높은 자리에 앉을 수 있다고 하면서 이미 내각까지 조직해놓은 교단도 많다고 한다.

교주는 스스로 이러한 사명을 띠고 내려온 신 또는 신의 아들 메시아로 생각하고, 교인들도 그렇게 믿는다. 교주는 자연인이 아니라 초자연적이며 초인간적인 주재자라고 자처한다. 증산교의 교주인 강일순의 설교를 일부 옮겨본다.

나는 삼계대권(三界大權)을 주재하여 조화로써 천지를 개벽하고 불로장생의 선경(仙境)을 열어 고해에 빠진 중생을 건지려 하노라(대순전경 2:5).

내가 삼계대권을 주재해서 천지를 개벽해 무궁한 선경의 운수를 정하고, 조화정부를 열어 재겁(災劫)에 쌓인 신명과 민중을 건지려 하니, 너는 마음을 순결하게 해서 공정(公庭)에 수종(隨從)하라(대수전경 4:1).

이런 현상은 통일교에서도 비슷하게 나타난다. 통일교의 경전인 『원리강론』의 일부를 옮겨본다.

하나님은 이미 이 땅 위에 인생과 우주의 근본문제를 해결하고자 한 분을 보내셨는데 그 분이 바로 문선명이시다. 이 분은 수십 성상을 두고 역사 이래 어느 누구도 상상조차 할 수 없었던 창망한 무형세계를 헤매시면서 하늘만이 기억하시는 진리탐구의 피어린 고난의 길을 걸으셨다. 인간이 걸어야 할 최대의 시련의 길을 다 걷지 않고는 인류를 구원할 수 있는 최종적인 진리를 찾을 수 없다는 원리를 아셨기에 선생은 혈혈단신으로 영계와 육계의 억만 사탄과 싸워 승리하신 것이다. 그리하여 예수님을 비롯한 낙원의 수많은 성현들과 자유로이 접촉하시고 은밀히 하나님과 영교하는 가운데 모든 천륜의 비밀을 밝혀내신 것이다(원리강론 p.17).

노길명 교수는 이런 내용을 보면 통일교의 창시자인 문선명의 카리스마도 강일순과 별 차이가 없음을 알 수 있다고 했다. 즉 그는 인류와 우주의 근본문제를 해결하고자 하는 하나님의 의지에 따라 이 세상에 보내진 자로, 인류 역사 이래 그 누구도 알지 못한 진리를 찾은 유일한 분이며 하느님과 영교하는 자인 것이다. 따라서 그는 과거 메시아로서 이 세상에 강림한 예수보다 더 높은 깨달음과 권능을 가졌고, 예수가 미완성한 인간 구원사업을 완성시킬 수 있는 마지막 메시아로 신앙되는 것이다.

통일교는 그 명칭에서도 알 수 있듯이 세계의 통일을 강렬하게 희구한다. 그들은 전 세계와 물질계, 종교와 과학, 성(聖)과 속(俗), 교파와 종교, 그리고 모든 이념과 사상과 제도의 통일을 이상세계 건설의 기본 요건으로 삼고 있다. 그런데 그들은 이상세계를 건설하는데 중심이 되는 나라는 대한민국이라고 단언한다. 구약시대에는 이스라엘 민족이 선민이었지만 구세주로 강림한 예수 그리스도를 십자가에 못박아 죽여 자격을 상실했다는 것이다.

증산교에서 말하는 궁극적 이상세계인 천지개벽한 후천의 모습을 대순전경에서 살펴보자.

후천에는 계급이 많지 않고 두 계급이 있으리라. 그러나 식록은 고르다. 만일 급이 낮은데 먹기까지 고르지 못하면 원통하지 아니하랴(대순전경 5:17).

앞으로 오는 좋은 세상에는 불을 때지 않고 밥을 지어 먹고, 손에 흙을 묻히지 않고 농사를 지으며, 도인의 집마다 등대 한 개씩 세우는데, 온 동학(洞壑)이 크게 밝아 햇볕과 같으리니, 이제 전등은 그 표본에 지나지 못하는 것이니라. 또 기차도 화통없이 몇만 리를 삽시간에 가고, 문고리와 옷걸이도 황금으로 만들고, 신도 금당혜를 신으리라. 또 곡식 종자도 한번 심어 베어들인 뒤에 해마다 그 뿌리에서 움을 길러 거둬들이는 것이 생기리니, 지금처럼 심고 거두기에 큰 힘이 들지 아니하며, 또 아무리 나쁜 땅이라도 옥토가 되게 하리니, 이는 땅을 석자 세치를 태운 까닭이니라(대순전경 5:18).

6. 성(性) 문제에 대해

탁명환 소장은 신흥종교에서 성(性)의 문제가 큰 비중을 차지한다고 지적했고, 김광일 교수는 현지조사를 통해 3가지 형태의 성적인 문제를 지적했다.

첫째, 밀교 형태로 실제 성행위가 이루어진다. 신도 가운데 신앙이 두터운 이들을 골라 비밀 입교식을 하는 방법인데 교주가 여신도들에게, 그 여신도가 다른 남신도에게, 이렇게 관계를 엮어가는 성교가 흔히 이루어진다. 새 세계가 도래하려면 교주가 어느 정도의 성행위 회수를 채워야 한다고 주장하면서 교주가 많은 여신도와 성행위를 하는 소위 음양도수(陰陽道數)를 채우는 행위가 이어진다.

둘째, 교권이 강해짐에 따라 교주가 많은 여성을 간음하는 양상이다. 어떤 밀교의 형태는 없고 교주와 신도 간의 문란한 성행위가 이루어지는데, 여교주 중심의 동성애도 산상기도원에서 볼 수 있다.

셋째, 종교의식 때 상징적인 성행위로 성적인 불만을 해소하는 일이다. 이러한 현상은 무교계의 신흥종교에서 흔히 볼 수 있는데, 성행위를 상징하는 단순한 동작과 발성의 반복으로 황홀상태에 빠진다. 심한 경우에는 집단 나체로 예배를 드리는 경우도 있다.

신흥종교에서 성문제가 얼마나 중요시되는지는 교주가 되려면 미남이어야 하며 스테미너가 강해야 한다고 평가하는 종파가 꽤 많다는 사실에서도 알 수 있다. 이런 종파일수록 과부, 가정이 화목하지 못한 여성, 사회에 실망한 여성 신도가 많다. 이들은 성적불만을 종교적인 면에서 해소하려는 무의식적인 동기를 갖고 있기 때문이다.

신흥종교에 모이는 사람들 중에는 어떤 형태로든 성적인 불만이 있는 사람들이 대다수라는 많다. 여신도의 경우는 과부이거나 남편이 있어도 사랑을 충분히 받지 못한다고 느끼는 여성, 남편에게 성적만족을 느끼지 못하는 여성, 가정이 깨진 여성들이 압도적으로 많다. 설사 그렇지 않더라도 사회나 가정의 불만을 성의 자유로 풀어보려는 심리를 종교를 통해 승화시키려고 하는 여성들도 꽤 많은 편이다.

그렇기 때문에 그들은 종교 행사나 신도과의 접촉에서 성의 대상을 직간접이나 무의식적으로 찾고, 이러한 요구가 그 종파의 분위기나 교주의 행동을 좌우한다. 문란한 성관계가 교주나 몇몇 지도자의 의사로 이루어지는 것이 아니라 교인 대다수의 분위기로 결정된다고 본다.

역사적으로 억압되어 온 성, 특히 여성의 성은 억압당한 만큼 배출구를 찾게 마련이므로 표면에 나타날 때는 둔갑이 심한 법이다. 더구나 우리나라는 전통적으로 억압되었기 때문에 그 배출구를 종교라는 데서 찾는 것이 미덕일 수도 있고 체면 손상도 적은 편이다. 그래서 종교에 열중하다보면 걷잡을 수 없이 개방되는 것이다.

7. 사이비종교의 폐해

자신의 현실적인 입지가 불리하다는 것을 느끼고 탈출하고자 절치부심하는 무지하고 욕심많은 사람들에게 후천개벽설이란 천래의 복음으로 생각될 수밖에 없을 것이다. 신앙은 자유라는 헌법의 그늘 밑에서 사이비종교의 감언이설에 한번 발목을 잡히면 맹신하며 광신자가 되어 패가망신의 나락으로 굴러떨어진다.

남미 가이아나의 인민 사원(peope temple)에서 30여 명이 음독자살을 해서 세계적으로 충격을 준 일이 있었다. 이 인민 사원의 교주 짐 존스 감리교 목사는 미국에서 아주 유명했던 부흥강사였다. 그는 흑인과 가난한 사람들을 모아 신흥종교를 창설하고, 내세의 부활과 영광을 확신하게 했다고 한다. 과연 이들이 모두 자진해서 자살을 감행했다면 이렇게 완벽하게 맹신맹종시킨 짐 존스의 마력이 놀랍다.

아무리 광신자라도 성경을 문자 그대로 다 믿기는 어려운 일이다. 진실로 내세의 부활과 영광을 확신한다면 그 좋은 유토피아를 두고 구차하게 이 세상의 고락에 매달려 울고 웃을 필요가 있겠는가. 어느 사이에 다 빠져나가고 이 세계는 사람 하나 없는 쓸쓸한 광야가 될 것이 아니겠는가. 그러나 인간의 환상대로 그런 이상적인 내세타계(來世他界)는 있을 수 없는 것이므로 악착같이 현세에 매달려 발버둥치는 것이 아닌가.

그러니 마르크스의 "종교는 민중의 아편이다"라는 지적을 비난할 것이 아니라 종교는 자칫하면 아편 이상의 독이 있을 수 있다는 것을 경계해야 한다. 다음은 우리나라에서 발생했던 예를 살펴보기로 하자.

1) 백백교 사건

백백교는 1918년 차병간이라는 사람이 백도교(白道敎)에서 분립하여 경기도 가평에서 시작한 종교단체이다. 종지는 하늘의 영적감화를 받아 세도인심(世道人心)을 깨끗이 하고 광명세계를 실현하자는 데 있고, 경천부(敬天父) 체곤모(體坤母) 충군신(忠君臣) 엄사부(嚴師父) 효부자(孝父慈) 화형제(和兄弟) 휼처자(恤妻子) 애린리(愛燐里) 물간음(勿姦淫) 물살명(勿殺命) 물음해(勿陰害) 물위도(勿爲盜) 물질투(勿嫉妬) 물쟁투(勿爭鬪) 물배은(勿背恩) 등의 15가지가 계명이다.

백백교는 이러한 신조를 내세우면서 퇴폐한 제도와 인심을 교화한다고 했으나 점점 부패하기 시작했다. 전해룡이라는 사람이 교주가 되면서부터는 우매한 신도들의 재물을 편취하고, 여신도들의 성을 유린하고, 사형(私刑)을 가하는 등 온갖 악행을 저질렀다. 그리고는 이 일이 탄로날 것을 두려워해 후환이 있을 만한 신도들을 산 속이나 개인의 집으로 유인해 살해했다고 한다.

수십 년 동안 잔인무도한 행위를 계속해 오다가 1937년에 경찰에 발각되자 전해룡은 자살하고, 간부들은 거의 체포되었는데 그중 14명은 극형에 처해졌다. 이 살인교에 의해 피살된 사람은 150

여 명에 달하고, 그 중 시체를 찾은 것이 50여 구였으며, 편취한 금액은 당시 돈으로 100만 원을 넘어 세상 사람들을 놀라게 했다.

2) 보천교

보천교는 흠치교의 교조였던 강일순의 고종사촌 동생 차경석이 만든 교단이다. 사람의 마음이 지덕지평(至德至平)해지면 영육 일체의 경지에 도달해 신이 될 수 있다는 것이다. 인의상생(仁義相生) 거병해원(去病解怨)이 이루어질 때 인간이 신화(神化)할 수 있고, 현실세계는 선경(仙境)을 이룰 수 있다는 것이다.

흠치교에서는 신화일심(神化一心) 인의상생(仁義相生) 거병해원(去病解怨) 후천선경(後天仙境)에 도달하는 방법으로는 태을신주(太乙神呪) 또는 여의주(如意珠)라 하여 '흠치흠치태을천상원군흠리치야도래흠리함리사바하' 라는 주문을 외운다.

31세에 창교한 강증산이 39세에 죽자 교단은 10여개 파로 분열되었다. 교통을 이어받은 차경석은 교주 증산을 장생불사하는 불사신으로 믿었는데, 보통사람들과 다름없이 죽는 것을 보고 큰 동요를 느꼈다. 그 후 인간의 생사문제와 천지의 이법을 깨달으려고 고민하다가 마침내 일체의 의혹을 개오할 수 있었다고 한다. 차경석은 새로 교단을 만들어 선도교라 이름을 짓고 포교를 하다가 다시 보화교로 개칭했고, 다시 보천교로 바꾸었다.

한때는 교도가 50만이니 100만이니 하면서 선전했다. 교세가 커지자 정읍군에 웅장한 교당을 짓고, 후천조화 선경이 이루어진다고 선전해 무지한 신도들을 끌어들여 재물을 빼앗고 굶주리게 하여 울부짖다가 쓰러지게 했다. 차경석은 위세를 과시하고자 거리에 나갈 때면 쌍두마차에 수십 폭짜리 기를 앞세웠고, 길 위에는 수백 필의 포를 깔게 했다고 한다. 그래서 세간에서는 그를 차천자(車天子)라고 불렀다.

교도들은 보발대관(保髮戴冠)을 보수해 차경석의 등극설을 믿고, 후일의 벼슬과 특권을 바라면서 교단에 충성했다. 보천교가 교도들에게 미치는 해가 커지자 관헌에서도 벼르던 차에 차경석이 죽자 탄압으로 교단을 해산시켰는데 당시 신도가 15,000명 정도였다고 한다.

6장

기독교 보수정통주의

1. 주일성수는 신앙인가

우리나라의 있는 교회는 대개 정통보수주의에 속하는 칼뱅주의이다. 정통보수주의는 축자영감설·성경무오설·예지예정 등을 주장하고, 굳고 틀에 박히고 미화되어 어떤 논의도 용허하지 않으며, 과학에 의해 논파된 후에도 여전히 신도들을 수천 년 전의 고대 속으로의 여행을 무리하게 강요한다. 뿐만 아니라 나만이 정통신앙이며 구원이 있고, 다른 종교는 물론 다른 종파에 대해서도 고개를 가로젓는 완고한 수구파이다. 그리고 신도들에게는 옆으로 눈을 돌리지 못하게 하고, 교조주의적이며 폐쇄적이다.

이들 교회의 목사들은 주일성수·십일조·새벽기도를 강조하고, 소위 신앙 3봉을 주장하면서 이 높은 산봉우리를 넘지 않으면 안 된다고 한다. 그리하여 신도들은 자연히 형식주의와 율법주의로 기울고, 주일에 교회를 갔다오면 신도로서 할 일을 다한 것으로 자부하면서 자신을 어엿한 크리스천으로 생각하는 것이 일반적인 풍조이다. 그러나 이것은 예수가 독사의 자식들아 하고 가장 미워했던 서기관들과 바리새인의 외식하는(마 23:23) 율법주의라는 것을 깨닫지 못하기 때문이다. 이들은 대개 예수를 믿는 이유가 "죄 사함을 받고 구원받기 위해서"라고 한다.

그러나 구원이 무엇인가에 대해서는 수준높은 신학자들이나 목사들까지도 견해가 일치하지 않는다. 예수를 믿어 원죄의 사함을 받고 천국에 가서 영생을 얻는다는 타계내세주의는 유치한 대답이다. 사도 바울의 구원관은 '죄와 율법과 사망의 권세에서 해방되어 자유의사로 의를 행할 수 있는 것'이었다.

아무튼 일반 신도들의 관심은 세속적이며 이기적인 기복에 있는데 특히 부녀자층이 더 심하다. 어느 종교를 막론하고 축복설을 빼면 김빠진 맥주가 될 것이다. 그러나 특정인의 축복을 위해 오묘하고 엄정한 자연법칙에 예외가 있을 수 없다는 것을 알아야 한다.

이것을 반증하는 예는 소위 신유의 은사를 받았다는 사람이 암이나 중풍 등 난치병을 기도와 안수로 낫게 한다고 떠들지만 사고로 잘린 손가락을 다시 돋아나게 해달라고 요청했다면 안수가 오히려 의아해 할 것이다. 왜냐하면 신유의 은사가 미치는 한계는 심리적인 영향권 내에서만 가능하고 기질적인 질병에는 무력하다는 사실을 잘 알고 있기 때문이다. 마치 무당을 불러 굿을 했더니 병이 나왔다는 경우와 하등 다를 바가 없는 이치이다.

아무튼 대다수 신자들이 예수를 믿는 목적이 삐뚤어져 있는 것은 한심한 일이다. 세속적인 의미에서는 예수를 믿어 결코 이득이 되는 것은 아니다. 예수는 "누구든지 나를 따라 오려거든 자기를 부인하고 날마다 제 십자가를 지고 나를 좇을 것이니라(눅 9:23)"라고 했다.

신앙생활이란 예수의 사랑을 실천하며 이 땅에 사랑과 평화가 구현되도록 실천하는 것이요, 의(義)를 위해 핍박받는 생활을 하는 것이요, 이웃을 위해 자신을 희생하는 것이다.

내가 주릴 때 너희가 먹을 것을 주었고, 목이 마를 때 마시게 했고, 나그네가 되었을 때 영접했고, 벗었을 때 옷을 입혔고, 병들었을 때 돌아보았고, 옥에 갇혔을 때 와서 보았느니라(마 25:35).

내 형제 중에 지극히 작은 자 하나에게 한 것이 곧 내게 한 것이니라(마 25:40).

이 말씀을 새겨보면 신앙의 본질이 무엇인가를 쉽게 이해할 수 있다. 그런데도 교회는 우매한 신도들에게 달콤한 축복설을 앞세우면서 '교회에 대한 충성=신앙'이라고 가르친다. 따라서 신도들은 세상에 나가서는 남에게 해롭게 하면서도 전혀 죄책감을 느끼지 못하다가 교회에 와서는 열심히 봉사하면서 자신이 크리스천이라고 여기게 하는 것이 오늘날 많은 교회들의 실상이다.

요행과 축복을 바라는 샤머니즘적인 사고방식은 수천 년 전의 고대부터 지금까지 이어져 온 무속신앙이다. 이러한 사고방식에서 벗어난다는 것은 매우 어려운 일일 것이다. 왜냐하면 이 축복설은 코에 걸면 코걸이, 귀에 걸면 귀걸이식이 되어 아주 편리하게 변신할 수 있기 때문이다. 기독교식으로 말하면 교통사고로 장애인이 되어도 감사해야 한다. 왜냐하면 죽지 않았기 때문이다. 설사 죽더라도 감사해야 한다. 왜냐하면 천국에 가게 되었으니 말이다.

이러한 논리에는 더 이상 할 말이 없다. 기독교인들은 불상 앞에서 수없이 절을 하며 복을 비는 불교신자들을 부정적으로 평가하지 말고 자신들도 다를 바가 없다는 것을 알아야 한다. 과연 올바른 교회상은 어떤 것인가 하는 문제를 판단할 수 있도록 많은 교회에 대해 논평한 학자들의 견해를 옮겨본다.

1) 김동수(목사)

예배란 생활과 유리되는 이원론적인 것이 아니라 예배가 곧 생활, 생활이 곧 예배라는 것을 강조해 말씀의 설교를 예배에 두었던 개신교는 강설 하나만으로 예배를 꾸며왔다. 빈부·인종·질병의 문제가 예배에 들어오는 것을 예배에 부정이 타는 것으로 잘못 아는 사람들이 많다.

2) 한철하(신학박사·장신대 교수)

교회는 제도화를 통해 하나의 세속적 생활체 내지 이권체로 변해서 그리스도께서 본래 부르신 목적에서 멀어졌다. 제도의 울타리에 안주해 신앙의 생명력은 고갈되었고, 그리스도의 오늘의 역사는 소멸되었다.

교회는 오랫동안 자기가 무엇인지에 대한 문제를 제기하지 않고 지내왔다. 교회의 안은 구태의연한 데 비해 교회 밖의 일반 역사는 인류의 소망을 지니고 창조적인 발걸음을 재촉하고 있다. 교회 중심의 역사관은 전도되어 버렸고, 오히려 존재의 역사적 타당성 문제가 심각하게 제기되었다.

3) 김재준(신학박사) — 십자가 이해

십자가의 도는 십자가의 현실을 의미한다. 거기에는 더할 것도 없고 덜할 것도 없다. 예수님이 걸어가신 그 길뿐이다. 자기를 이기고 자기의 십자가를 지고 나를 따르라고 명령하신다. 십자가는 그리스도의 입문(좁은 문)이기 때문에 이 문을 통과하지 않고는 그리스도의 세계를 이해할 수 없다.

요즘 직접 신비경으로 몰입 도취해 십자가를 피하고 현실에서 도망하려는 사람들도 있으나 그 역시 십자가의 도가 아니니 그리스도가 될 수 없다. 고통의 가치는 그 고통 자체에 있는 것이 아니라 무엇 때문에 고통을 받느냐 하는 데 있다.

십자가가 교회라는 무덤 앞에 선 비석이어서는 안 된다. 고난은 내 살을 찌르는 가시가 내 손발에 박는 못이다. 긴장과 각오없이 말할 수 있는 언어가 아니다. 고난은 교회를 심판한다. 신자의 시금석이다. 교회는 고난 앞에서 긴장한다. 그러나 교회는 거기서 미화된 속죄론 속에 도피해 거룩한 안식을 탐한다. 신앙이 십자가의 도전을 막는 방패가 되고….

4) 서남동(신학박사 · 연세대 신학대학장) — 변질된 십자가의 상징성

믿음이란 교회의 승인이나 신조의 묵인에 있지 않고, 할렐루야 아멘 하면서 노래하는 데도 있지 않고, 다만 그리스도의 마음이 내 마음이 되고 그 신이 나의 신이 되어 하나님과 사람을 사랑함으로써 죽음에서 나오는 것이어늘….

기독교의 신을 창조자나 초월자 또는 삼위일체의 신이라고 불러왔다. 그러나 이것은 성서에 있는 것이 아니라 교회가 택한 것이다. 다시 말하면 이것은 결국 신이 역사적으로 발전해 왔다는 것이다. 신 · 구약성서는 신화와 비유와 역사적 사건들에 대한 기사들로 엮은 것이지 사색적이고 형이상학적이며 중세기적인 것으로 된 것은 아니다.

5) 디트리히 본회퍼(목사)

교회는 타인을 위해 존재할 때만 교회이다. 새로운 출발을 위해 교회는 언제나 궁핍한 사람들에게 교회의 재산을 나누어 주어야 한다. 성직자는 오로지 교인들이 자유의사로 바치는 헌금으로 살거나 가능하면 세속적인 직업에 종사해야 한다.

교회는 지배하는 것이 아니라 도와주고 봉사하면서 평범한 인간들의 세속적인 문제에 동참해야만 한다. 교회는 모든 직업인들에게 그리스도 안에 살며 타인을 위해 존재하는 것이 무엇을 뜻하는지를 알려줘야 한다. 특히 교회는 모든 죄악의 근원인 오만·권력·숭배·시기·사기의 죄와 맞서 싸워야만 한다.

교회는 절제·순수·신뢰·충성·지조·인내·훈련·겸손·만족·검소 등에 대해 말해야 한다. 교회는 인간의 모범(예수의 인간성에 근거를 두며 바울의 가르침에서도 매우 중요하다)의 중요성을 과소평가해서는 안 된다. 교회의 말에 강한 인상과 힘을 부여하는 것은 추상적인 논평이 아니라 모범이다.

6) 풀 틸리히(교수 · 신학자)

대부분의 사람들은 예배와 교회출석은 종교에 대한 관심을 표현하는 것 외에는 아무 의미가 없다고 생각한다. 예배의 목적이 물론 이 세상에서 저 세상으로 도피하려는 것도 아니고, 세속적인 영역에서 종교적인 영역으로 은퇴하려는 것도 아니다. 예배의 전부를 평하는 기준은 우리 한가운데 있는 피안과 배고픈 자와 집 없는 자와 옥에 갇힌 자 안에 있는 그리스도에 대해 얼마나 더 민감하냐 하는 데 있다.

우리가 예배에 참여함으로써 그런 사람들에게 그리스도를 더 알아보게 되는 경우에만 그 예배가 기독교의 옷을 입은 종교성의 산물이 아니라 진정한 기독교적 예배가 되는 것이다. 이것이 바로 안식일은 사람을 위해 있는 것이요, 사람이 안식일을 위해 있는 것이 아니라고 한 예수의 말씀을 의미한다.

우리가 종교적인 행사를 지키는 것은 모두 이런 기준으로 평가해야 한다. 만일 어떤 교회의 분위기가 예수의 교훈을 뒤집어 사람들이 실제로 신을 찾기 위해서나 예배행위 밖에서는 불가능한 신과의 관계를 맺기 위해 교회에 나간다는 따위의 동기를 풍긴다면 이런 교회에 나가 옳은 것을 얻을 수 있다는 것은 기적이다.

그리고 우리는 이런 기적을 보여달라고 신을 시험해서는 안 되고, 이런 곳에는 아예 나가지 않는 것이 훨씬 더 낫다. 그러나 가장 이상적인 것은 그 교인들에게 복음의 참뜻을 이해시켜 그 문제 교회의 전통이 이러한 운동을 강력히 반대하고 있기 때문에 우리는 우선 우리의 혁신적인 능력을 현실적으로 평가해 보아야 한다. 이것은 특히 교역자들에게는 의심할 여지없이 지독한 말이다.

그러나 예수의 말이 유대교의 랍비들에게 지독했던 것보다 더 지독한 것은 아니다. 그래서 만일 교회가 종교적인 사람들의 모든 반대에도 종교가 전혀 없는 곳에서 예배에 관한 다른 개념을 찾아내고 주장하지 않는다면 이 교회마저도 쇠퇴해 사라질 것이다.

7) 임마누엘 칸트(철학자)

종교는 이론이성 위에 세워지는 게 아니라 실천이성 위에 세워지는 것이니 평가를 받아야 한다. 그 자신이 도덕에 대한 재판관이 되지는 못한다. 그리스도교의 교회나 교의(教義)도 그것이 인류의 도덕적인 발전을 돕는 범위에서 의미가 있다.

여러 가지 의식이나 행사 같은 것이 도덕적 법칙을 대신한다면 참다운 종교는 소멸된 것으로 보아야 한다. 진정한 교회는 아무리 분산되어 있어도 관통된 도덕적 법칙에 대한 신념으로 결합된 공통체를 말한다. 그리스도가 이승에 태어났다가 죽은 것은 그러한 공동체를 건설하기 위해서였다.

그리스도는 바리새인들의 교회주의에 반하고 진정한 교회를 지지했다. 그런데 새로운 교회주의가 나와 그리스도의 참다운 의도를 압도했다. 그리스도는 신의 나라를 이 땅에 접근시켰다. 그런데 사람들은 그 의도를 오해하고 신의 나라가 아닌 성직자의 나라를 건설했다. 다시금 여러 가지 종교적인 의식이 올바른 행위를 대신하게 되고, 사람들은 종교에 의해 한덩어리가 되기는커녕 무수한 종파로 분열되었다.

그리하여 경건을 가장한 온갖 우매한 행동이 하늘에 계시는 지배자의 뜻을 받드는 성스러운 봉사인 것처럼 민중을 기만했다. 그것은 신앙이 아니라 아부이다. 그리고 기적이 종교의 진리를 증명하지는 못한다. 우리는 기적을 뒷받침하는 증명서를 사용할 수 없고, 기도로 자연의 법칙을 정지시킬 수 없다.

8) 손대오(교수 · 국제크리스천교수협의회 상임이사)

■ 부끄러운 한국 교회 ─ 1945년 해방 당시에는 9개 교파가 있었

는데 문공부 통계에 의하면 1981년 현재 69개로 분열되었다. 한경직 목사의 "목사를 믿지 말고 예수를 믿어라"라는 말은 교인들을 우민화하려는 무책임한 발언이다. 목사들이 신뢰받을 수 없다면 교회는 문을 닫아야 한다. 차라리 무교회로 나가야 한다. "학생들이여, 교사나 교수를 믿지 말고 학문과 진리를 믿으라"는 말이 성립되려면 그 나라의 학문과 진리 탐구는 이미 끝났다는 증거이다.

■ 구미의 식민신학에서 탈피하라 — 한국 예수교장로회의 신학인 보수정통주의는 박형용 목사의 기독교 사대주의에서 비롯해 일제 식민시대의 잔유물인 현실을 도피하는 내세주의적 신학이요 신앙이다. 예수교장로회는 극단적인 배타성과 독선으로 그들의 신조나 도그마와 일치하지 않으면 그 어떤 것도 심판과 저주의 대상으로 삼는 교단이다. 가장 분파적인 교단인데 실제 가장 많이 교회분열을 일으켰다.

박형용 목사가 다져놓았다는 근본주의 신학이란 하나의 원칙만 생각하면서 성서 해석의 다양성을 인정하지 않는다. 그는 1953년 장로회신학교 교장 취임사에서 "한국 교회의 신학 수립이란 결코 우리가 어떤 신학체계를 창작한 것이 아니라 사도적 정통의 신앙을 그대로 보수하는 신학이다. 우리 교회가 70년 전 창립할 때 받은 그 신학을 우리 교회의 영구한 소유로 확보한 것을 말한다"라고 거침없이 주장했다.

이와 같이 철저히 수구적이요 과거지향적인 보수 근본 정통주의 신학 노선은 성서의 축자영감설에 근거한 성서 문자주의로 기울어 날로 새롭게 조명해야 할 성서를 사문화시켜 버렸다. 그들은 믿고 천당가자는 식의 반 역사 참여적인 극도의 타계내세주의자들로 현실을 외면하고 개인주의자들이 되어 사회와 세계의 문제에 대해서는 방관했다.

이것은 일제시대 때 우리나라로 들어온 미국 선교사들이 정치 불관여적인 태도로 선교활동에 임했던 데서 기인한 것으로 봐야 한다. 대신 그들은 사후 천국만을 설교했다. 1905년에 체결한 미국과 일본의 '타프트계약서'는 필리핀과 한국을 나눠먹는 각서이다. 이렇게 시작된 한국 선교는 문화 식민주의적 선교로서 이런 사실의 자각도 없이 크리스천에 극단적인 보수근본주의자이며 분파주의 신학자인 메이첸에게서 배우고 1928년 귀국해 앵무새 노릇을 일삼으며 장로교회의 지도자가 된 것이다. 이것은 학계의 보편적인 의견이다(『한국의 학맥관』 1982년 9월호, 이종성 저 참조).

오늘날의 기독교가 다른 종교에 대해 배타적인 입장을 취하는 한 인류의 평화는 영원히 오지 않을 것이다. 아직도 단군을 우상 종교라고 비웃으며 단군을 부정해야 한다고 하는 반민족적인 기독교 단체가 엄연히 존재한다. 우리는 만남의 시도 없이 맹목적인 구미신학의 식민지로 만족해서는 영원히 서양 사대주의에서 벗어날 수 없고, 민족의 정체성을 확립하기도 어려울 것이다.

■ 복받으려면 예수 믿지 말고 참사람 되기 위해 믿어야 — 사람

들은 예수를 믿으면 구원과 축복을 받는다는 의식이 지배적이다. 새벽기도·찬송·예배·헌금·봉사·전도 등을 축복을 받고 성령이 충만하기 위해서 하는 것이라면 심각한 일이다. 예수를 믿는 것은 축복을 받기 위해서가 아니라 예수처럼 참 사람이 되기 위해서이다. 예수를 믿으면서 예수 같은 사람이 되자는 새로운 신앙의 목표를 설정해야 한다.

오늘날 교회가 가진 막대한 인적 물적 자원은 나라와 세계를 구원하기 위해 쓰기 위함이지 교회의 부와 지도층들의 호사와 명예욕을 채우기 위한 것이 아니라는 것을 알아야 한다.

■ 이단시비에 문제 있다

이제 내가 너희에게 말하노니 이 사람들에게 상관하지 말고 버려두라. 이 사람의 소행이 사람에게서 났으면 무너질 것이요, 하나님에게서 났으면 너희가 저희를 무너뜨릴 수 없을 것이다. 오히려 하나님을 대적하는 자가 될까 하노라(행 5:38-39).

이단시비는 대부분 낡고 부패해 가는 기성교회와 새로 생기는 신흥교회 사이의 갈등과 투쟁에서 나타난다. 유대교에서 본 이단은 예수(가톨릭)이고, 가톨릭에서 본 이단은 프로테스탄트이다. 그것은 곧 기성교회가 쇄신되어 그 부패와 타락의 늪에서 벗어나는 계기가 된다. 역사에서도 끊임없이 이어져 온 중세의 마녀사냥이라는 미명 아래 벌어진 수많은 양민학살과 현재의 개신교 안에서 벌어지는 교파분열에서 그 추악한 모습이 잘 나타난다.

9) 김은우(교수)

오늘날 기독교 내용을 보면 병 낫게, 부자되게, 대학 합격되게 등 그저 빌기만 하면 된다는 만사기원으로 시작해 기원으로 끝나는 서양판 굿놀이를 하는 것 같다. 목사는 서양식 무당이고, 찬송가는 서양식 무가이다. 기독교라는 서양굿이 한국의 전통굿보다 더 효과가 있다고 믿는 사람도 적지 않다.

40여 년 전에 니콜라스 베루자에프가 말한 새로운 중세기의 이상현상을 다시 음미하게 된다. 21세기 문명시대에 접어든 사람들은 누구를 막론하고 어딘가 또는 무엇인가에 매달릴 수밖에 없는 정신적인 진공상태로 몰려들어가기 때문에 아무것이나 신격화시키는 현대판 우상을 만들고 있다는 것이다.

10) 강원용(목사)

세상을 위해 교회가 있다. 교회나 신자들은 사회나 세상 문제에는 관계가 없는 것으로 안다. 늘 생각하는 것은 교세확장이고, 그것을 위해서는 교인들의 에너지를 집중시킨다. 그리하여 신도 중 일부는 이중도덕을 고민하다가 교회를 떠나기도 한다.

"하나님이 세상을 이처럼 사랑하사(요 3:16)." 하나님이 사랑하는 것은 교회가 아니라 세상이다. 교회를 위해 세상이 있는 것이 아니라 세상을 위해 교회가 있다는 것을 인정해야 독선에서 벗어

날 수 있다. 다른 종교를 가진 사람들이 섞여 일을 해야 하는 현대
에서 종교니 신조니 하는 것은 각자의 플라이버시에 관한 문제이
다. 낡은 시대의 개인주의, 내면적인 경건주의, 양심주의는 신도들
을 위선자로 만들거나 독선적인 고립상태로 몰아넣는 비윤리적인
율법주의밖에 될 수 없다.

지금까지 여러 학자의 지적을 살펴보았다. 무엇이 올바른 기독
교 신앙이며 교회상인지 깨달았을 것이라고 생각한다. 특히 칸트의
"그리스도는 이 땅에 신의 나라를 접근시키려 했으나 그리스도의
나라가 아닌 성직자의 나라를 건설했다"라는 지적은 정곡을 찌른
다. 그리고 보수정통주의나 근본주의 등으로 불리는 한국의 대다수
교회의 병폐가 어디서 시작되었는가도 짐작할 수 있었을 것이다.

본회퍼 목사는 하나님을 상품화하는 현대 종교인들을 통박하면
서 다음과 같이 말했다.

그러한 종교 상품은 지적으로 불성실한 사람에게나 팔 수 있을 것이다. 성
숙한 현대인은 신이 인간의 모든 문제를 해결해 주는 해결사라고 기대해서는
안 된다.

버트런드 러셀은 다음과 같이 말했다.

선한 생활이란 사랑으로 고무되고 지식으로 인도된 생활을 말한다. 지식이

없는 사람이나 사랑이 없는 지식은 모두 선한 생활을 낳을 수 없다. 중세 때 한 나라에 질병이 창궐했는데 성직자들은 사람들에게 교회에 모여 질병에서 모면되기를 빌라고 했다. 그런데 질병은 밀집한 군중 사이에서 빠르게 퍼져나 갔다. 이것은 지식이 없는 사랑의 본보기이다.

물론 교회가 지식이 없지는 않겠지만 기독교 신앙의 핵심이 주 일성수인 것처럼 강조하다보면 본의 아니게 전염병을 더 번지게 했던 과거의 우를 되풀이할 위험성이 충분히 있다고 생각한다. 그 러므로 '주일성수=신앙'이라는 것을 지나치게 강조하면 안 된다.

2 십일조는 신앙의 척도인가

성경에 "어느 것은 믿고 어느 것은 믿지 않는다면 이것은 올바 른 신앙이 될 수 없고, 불구의 믿음일 수밖에 없을 것"이라는 말이 있다. 그런데 구약에는 "양털과 베실로 섞어 짠 것을 입지 말라(신 22:11), 무릇 지느러미와 비늘이 없는 것은 먹지 말라. 이는 너희에 게 부정하다(신 14:8), 돼지는 굽은 갈라졌으나 새김질을 하지 않 아 너희에게 부정하다. 이런 고기는 먹지 말고, 만지지도 말라(신 14:8), 토끼도 새김질은 하나 굽이 갈라지지 않았으니 부정하고, 돼 지는 굽이 갈라졌으나 새김질을 하지 않아 부정하니 이 고기를 먹 지 말고 그 주검도 만지지 말라(레 11:6~8)"라고 했다.

그러나 요즘 혼방 양복을 입지 않는 크리스천이 어디 있고, 비늘이 없는 생선이나 돼지고기나 토끼고기를 먹지 않는 사람이 어디 있는가. 교회에서는 이 말씀을 아예 폐기처분했는지 몰라도 거론조차 하지 않아 교인들은 성경말씀에 위배되는 행동을 한다는 것조차 까맣게 모르고 있다. 왜 이런 현상이 벌어지는 것일까? 달면 삼키고 쓰면 뱉는다는 세속적인 차원에서 이것을 규정하기에는 너무 동떨어진 종교적 차원이 아닌가.

조직신학은 배워본 적도 없는 일반 신도들은 목사의 한마디가 바로 교리이며 법인 줄 안다. 장님이 코끼리 만지기 식으로 목사의 설교에서 주워들은 단편적인 지식으로 기독교 교리라는 개념을 형성한 일반 신도들은 목사가 콩을 팥이라고 해도 믿는다. 여기에는 상명하복이 있을 뿐 민주주의 같은 것은 있을 수 없는 풍토여서 시위나 파업을 하는 등 시끄러운 사태는 절대로 일어나지 않는다. 싫은 사람은 떠나면 그만이니까.

아무튼 여러 가지 성경말씀을 사문화시켜 버린 반면에 십일조만은 설교할 때마다 강조한다. 십일조를 바치지 않는 것은 하나님 것을 도둑질 하는 것과 같다고 서슴없이 말한다. 실로 여기서 성직자의 나라가 건설되는 신호를 발견할 수 있고, 신도들은 교회를 위해 존재해야 하는 모순을 발견할 수 있다.

오늘날 교회의 대형화나 기업화를 경고하는 지식인들이 많다. 그러나 교회는 어디서 부는 바람이냐는 태도로 무시하고, 수백억을 들여 호화찬란한 고층교회를 세우기에 여념이 없고, 일부 성직자는 과대한 봉급으로 특권층의 호화생활을 누린다고 한다. 이것이 자기 십자가를 지고 예수를 따라가는 십자가의 도(道)일 수 있을까. 이러한 세속적인 좋은 조건을 계산하면서 목사 지망생이 줄을 선다면 기독교의 앞날은 뻔하다.

그런데 가톨릭의 신부와 수녀, 조계종의 비구와 비구니는 개신교 목사와는 차원이 다른 것 같다. 조계종의 비구와 비구니는 골육의 인연까지 끊고 세속적인 모든 즐거움을 포기하면서 무소유의 생활을 하는데, 그것이 어떻게 가능한지 궁금하다.

청빈과 정결과 순종의 서원을 내건 수사나 수녀들은 마음속에 하나님의 사랑이 가득 찼는데 어떻게 배우자를 사랑할 수 있느냐는 주장한다. 젊디 젊은 수사와 수녀들의 거룩하고 애절한 구도의 자세를 생각하면 저절로 마음이 숙연해진다. 참으로 거룩한 일이다. 자신과 처절하게 투쟁하지 않으면 불가능한 일이다. 신앙을 위해 모든 인생을 거는 진지함과 철저함에 감탄할 뿐이다.

가톨릭 성직자에게는 사냥·도박·여흥·고리대금·상업·사교 댄스 등과 결혼을 금한다는 교회법전이 있다고 하는데 프로테스탄트 성직자에게는 별다른 제약이 없다. 성직자의 결혼을 놓고 신·구교의 상반된 주장이 계속되어 왔다. 프랑스의 안세화 신부는 1923년에 그의 저서 『신교지기원(新敎之起源)』에서 다음과 같이 마틴 루터를 비난했다.

루터의 성격 결함을 논하고… 그 육신 정욕의 맹렬한 화염이 도화선이 되어 마침내 천주와 성교를 배반할 뿐만 아니라 참혹히 육신 정욕의 부끄러운 종이 되었다. …브르터스당 예수교를 창립한 자들은 만대불변한 예수교를 고칠 자격이 조금도 없다. 오직 그 진교를 배반하고 자기의 정욕을 채우려고 자기 마음대로 한 그릇 교회를 세운 것….

아무튼 마틴 루터는 42세 때 수녀 카트린 보라와 결혼했는데, 최초로 결혼한 신부라고 한다. 이러한 성직자의 결혼시비론에 대해 프란시스 베이컨은 "성직자는 독신생활이 적합하다. 자비심은 먼저 못을 채운 뒤가 아니면 땅을 적실 수 없기 때문"이라고 하여 결혼에 대한 반대의사를 분명히 했다. 그러나 이에 대한 의견이 모두 같을 수는 없다.

문제의 십일조에 대해서도 예수는 "화 있을진저, 외식하는 서기관들과 바리새인들이여, 너희가 박하와 회향과 건채의 십일조를 드리되 율법의 더 중한 의(義)와 인(仁)과 신(信)은 버렸도다(마 23:23)"라고 하여 십일조보다 의(義)와 인(仁)과 신(信)이 더 중요하다고 가르쳤다.

십일조를 바치지 못하는 신도들은 스스로를 성실하지 못한 사람으로 비하하고, 막연한 불안감에서 올바른 신앙생활에 저해 요인으로 작용받고 있는 경우가 일반적인 경향으로 생각된다. 혼자 사는 어떤 할머니가 자신의 유일한 재산인 살던 작은 집을 팔아 교회에 몽땅 바치고는 사글세방에 들어앉아 자신의 헌금이 천국에 가서는 30배, 60배, 100배로 불어날 것이라면서 기뻐했다고 한다. 주위에서는 할머니의 믿음이 좋다고 칭찬이 자자했지만 그것은 천당을 마치 이 세상의 연장이며 재판이라고 잘못 생각한 일이다.

교회에서는 "천국에 보물을 쌓아라. 많이 심은 자가 많이 거둘 것"이라고 하면서 헌금을 많이 내도록 설교한다. 그러나 천당에 무슨 생존경쟁이 있고, 천당에서 무슨 돈이 필요하겠는가.

현세의 필요악으로써 살인·강도·사기·공갈 등 온갖 범죄행위의 원인이요, 인간을 죽이는 전쟁의 원인도 결국은 돈이라는 이 해충돌의 원인으로 생각할 수 있는 것인데, 이 세상에서 많은 사람들을 울리고 괴롭혔던 돈이라는 것이 천국에까지 따라 붙어서야 되겠는가.

혹자는 가톨릭 신부를 종합병원의 의사에 비유한다면 개신교 목사는 개인 의원의 의사라고 했다. 사실 가톨릭 교회의 신부는 처자식도 없는 몸이라 생활이 문제될 것도 없고, 봉급이래야 적은 액수지만 그것도 남을 위해 쓴다고 하며 하급기관인 교회를 기업체처럼 운영할 필요도 없을 것이요, 기독교의 진리를 가르치기만 하면 족할 것이다.

그러나 개신교 교회의 목사는 행정과 교육 양면을 담당해야 하는 단독 기관이므로 개인 의원의 의사 역할을 해야 한다. 특히 시무하는 교회가 자신이 개척한 교회이면 어떤 의미에서는 바로 자신의 교회인 것이다.

대개의 경우 의사가 의원을 개업하는 것은 솔직히 돈벌이가 목적인 것이고, 그 다음에는 인술로 남에게 봉사하는 것은 부차적인 목적일 수밖에 없다. 병원은 적자가 쌓여 망해가는데 히포크라테스

정신을 강조하면서 진료에만 전념하고 있을 의사가 과연 얼마나 되겠는가.

이와 같이 개신교 목사가 경영을 무시할 수 없는 것이 현실이라면 여기에 기업화의 이유가 있는 것이고, 종교적인 순수성을 잃을 수밖에 없게 될 것이다. 이러한 상황에서는 자칫 본말이 전도되는 우려할 사태로 발전하기 쉬울 것이며, 교회의 양적 팽창과 대형화를 위해서는 엄격한 진리의 말씀보다는 오히려 모든 신도들과 영합하는 설교를 하게 되는 경우도 예상된다고 하겠다. 이러한 딜레마를 완전히 극복할 수 있는 합리적인 제도는 없을까.

세상만사가 정(正)·반(反)·합(合)의 원리에 의한 변증법적 원칙에 따라 정(正)이 반(反)의 요소의 작용으로 지양되고, 이것이 한층 더 높은 통일체로 발전되어 다시 합(合)으로 발전하는 것으로 생각하지만 교회라는 특수한 세계에서는 정(正)만이 있고 반(反)은 전혀 작용할 수 없는 변증법의 치외법권 지대인지도 모른다.

그러므로 세계는 발전을 거듭해 왔지만 교회 안에서는 아득한 옛날부터 불렀던 그 찬송가를 아직도 부르고 있고, 옛날에 하던 의식을 그대로 반복하고 있다. 뿐만 아니라 신화시대의 사유방식이나 형이상학시대의 사유방식이 그대로 내려와 현대인에게 교회에 대한 저항감을 상당히 불러일으키는 것이 사실이다.

더구나 칼뱅신학을 바탕으로 하는 청교도 계통인 한국의 정통 보수주의 교회는 가장 완고한 보수주의파로 변화를 두려워하며, 구각(舊殼)에 안주해 거룩한 안일을 탐하는 것이 벌써 생리적으로 정착한 것으로 생각할 수밖에 없다. 교회의 구조적 모순이 시정되기를 바라는 것은 어려운 일이라 단념할 수밖에 없는 것 같다.

그러므로 앞으로도 교회의 기업화와 대형화는 계속되고, 십일조는 여전히 강조할 것이다. 신도들이 십일조를 바치는 것은 무방하나 목사들의 말처럼 하나님에게 바치는 것으로 생각하고 깨끗한 지폐로 바꾸는 등 수선을 떨 필요까지는 없다고 생각한다.

왜냐하면 전지전능하시고 무소부재하신 하나님께서 인간세상에서 통용되는 돈이 어디에 필요하겠는가. 전능하신 하나님이 무엇이 아쉬워 돈이라는 결제수단으로 필요한 것을 입수한다는 말인가.

하나님에게 바친다고 하는 발상은 망발이요 기만이다. 신도들의 헌금은 일부는 교회의 경비로 쓰겠지만 대부분은 어려운 사람들을 위해 쓰기를 바라는 마음으로 바쳐야 한다. 행여 천당에 가서 100배 불어나게 해서 찾아 쓰겠다든지, 십일조를 바치면 큰 이득이 돌아오리라는 등의 이기적 요행을 바라는 동기에서라면 아예 번지수가 틀리는 생각임을 알아야 한다.

다음은 신학자이며 사제이고 교수인 헬무드 틸리케가 그의 저서 『신학은 얼마나 현대적인가』에서 완고한 보수주의를 꼬집은 부분을 기록해 본다.

현대신학이라는 말만 들어도 등골이 오싹해져 열이 오르락 내리락하는 충성스런 하나님의 종들이 있다. 그런가 하면 이 현대신학이란 말 중에서 자기 자신의 해방과 희망을 안겨주는 신호를 발견하는 동 시대인들, 즉 다양한 종류의 진지한 탐구자와 지식인이 있다.

그들에게는 이 현대신학이라는 말이 빈사상태에 빠진 신앙이 다시 한번 소생할 기회를 주고, 새로운 재기를 약속을 해주는 징후로 보인 것이다. 현대신학은 생의 새로운 조차지(租借地)를 제공해 주는 것으로까지 이해한 것이다.

그것은 그리스도에 대한 신앙을 현대적인 것으로 경험하도록 제안하는 것으로 받아들였던 것이다. 현대성이란 자기가 시간의 흐름의 정점에 서 있다고 하는 감각이고, 따라서 그것에 의해서 지금까지의 역사의 모든 국면에 대해 자신은 우월한 지점에서 그것을 조감(鳥瞰)한다고 하는 의식이다.

신앙의 기본적인 진리는 분명히 영속적이며 불변적인 것이 있다. …현대신학은 교회의 신앙고백을 배제하려는 의도는 없다. 가장 극단적인 과격파라 할지라도 사도신조(使徒信條)를 기척(棄擲)하려는 사람은 거의 없다. 그들도 역시 동정녀 마리아에게서 나시고… 죽은 자 가운데서 다시 살아나시고 하늘에 오르사… 라고 말하는 것이다.

그러나 사람들은 이것을 사실에 관한 고백으로 이해하고 있지는 않다. 왜냐하면 이러한 사실은 세계 연관의 연결성으로부터 탈락한 것이고, 따라서 우리의 과학이나 기술 지배를 규정하는 여러 원칙과는 일치하지 않기 때문이다. 사람들은 이러한 언어를 이미 사실이 아니라 단지 상징적 암호로서만 이해하고 있는 것이다.

여기에 전설이나 신화의 언어에 의해 의미심장한 실존의 진리가 표현되어 있는 것이다. …어제의 진리가 오늘도 내일도 역시 진실할 것이라고 그렇게 말할 수만은 없다. 그 물음은 우리가 그러한 진리를 언제나 같은 방법으로만 표현할 수 없다는 것이다.

이상의 틸리케의 논술에서는 보수주의와 자유주의의 현격한 차이를 주목해야 한다. 즉 기독교 교리에 있어서 초논리적 독단이거나 신화라든지 비유 등의 상징적 표현 등을, 보수주의에서는 이러한 언어들을 사실에 대한 고백으로 이해하는 것이 아니라 상징적 암호로만 받아들인다는 것이다. 이로써 우리는 논리적으로는 말이 막히면서도 기어이 억지를 부리는 보수주의보다는 자유주의의 타당성과 합리성을 발견할 수 있는 것이다.

신학자 칼 발트는 "말하는 뱀은 믿을 수 없다"라고 했다. 빅토리아 여왕은 요나의 고래사건과 발람의 나귀사건을 믿어야 할 것인지에 대해 매우 고민했다고 한다. 이러한 고대인들의 신화적인 표현들을 현대인들에게 사실로 받아들이라고 강요하는 것은 정신분열증 환자로 만들기에 충분한 처사라고 생각한다.

인간은 합리적인 믿음이 아니면 만족하지 못한다. 우리의 모든 종교적인 개념들이 다 이성에 의해 증명될 수 있는 것은 아니라 하더라도 진리가 아닌 것을 알면서 그 교의를 믿을 수는 없다. 신앙은 사리에 맞아야 한다. 기독교 교리의 이러한 딜레마 때문에 얼마나 많은 현대 지성인들이 방황하고 있는 것일까? 어느 기독교도 시인의 시를 적어본다.

부흥회 축도가 끝나고
바람 부는 골목에서
회의와 공허한 인생을 절감한다.

이 시가 저간의 사정을 말해주는 것이 아니고 무엇이겠는가? 사실 부흥회에 가보면 고쳐야 할 것이 너무 많다는 생각이 든다. 부흥회 강사 중 어떤 사람은 "나는 과거에 유명한 깡패이며 건달이었다"라고 하면서 과거의 행각을 낱낱이 설명하며 자랑하는 것 같은 분위기로 설교하는 것을 볼 수 있다. 어째서 그것이 자랑거리가 되는지 납득이 가지 않는다.

물론 그렇게 불량했던 사람이 이렇게 훌륭하고 거룩한 성직자로 변했다는 것을 강조하려고 과거를 과장하면서 강조하는지는 몰라도 인간이 착하다고 해서 얼마나 그리고 언제까지나 착할 수 있는 것인지. 인간의 선이나 악은 종이 한 장의 차이로 믿을 것이 못된다는 것을 우리는 잘 알고 있다.

그리고 부흥회의 분위기가 진리의 설교장이라기보다는 무슨 흥행장처럼 강사는 의도적으로 처음부터 감성에만 호소해 신도들의 마음이 고양되도록 유도한다. 그러고는 마침내 "믿습니까?"를 속사포처럼 연발하면 신도들은 "아멘"과 "와"하는 합성을 질러 장내는 갑자기 흥분의 도가니로 변한다.

나중에는 발을 구르고 손뼉을 치면서 설령 콩을 팥이라 해놓고도 "믿습니까?"라고 하기만 하면 "와~"하는 동의의 함성이 터져나온다. 이러한 부흥회에서 출석율이 바로 신앙의 척도라는 강사의 강요에 자신을 격려하면서 새벽이고 낮이고 밤이고 처음부터 마칠 때까지 시간과 노력을 기울여 얻은 것은 과연 무엇인가? 착잡한 심정이 되는 것이다.

3. 성경은 하나님의 말씀인가

정통보수주의 교회에서는 "성서만으로, 믿음만으로"라는 구호를 내걸고 성경만이 유일한 권위요, 성경은 구구자자가 영감된 하나님의 말씀이요, 말씀은 바로 영의 양식이니 말씀을 먹고 영을 살찌우라고 하면서 성경무오설과 예지예정설을 신앙의 기본으로 가르친다.

그러나 가톨릭 교회에서는 성경이 있기 전에 교회는 있었다고 하여 전승과 성경을 동일한 수준에서 또한 성경의 구전(口傳 : 성경이 처음에는 이야기로 전해오다가 후대에 문서로 정리했는데, 그것들 중에서 선택되어 지금의 성경이 형성된 것이다) 성격상 성경 해석의 권위가 교회에 있다고 말한다.

그리고 신정통주의는 성경말씀, 즉 그리스도 안에 있는 하나님에 관한 계시에 대해 증거가 되나 유오(有誤)하다고 판단하고, 합리주의는 극단적인 경우에는 어떤 초자연적인 계시의 가능성도 부인한다. 온건한 합리주의는 신적 계시의 가능성은 인정하나 인간의 이성으로 계시에 대한 최종적인 판단을 내려야 한다고 주장한다.

아무튼 성경이 영감된 하나님의 말씀이라면 전지하신 하나님의 속성으로 보아 성경에 오류나 오인 등의 착오가 있으면 안 된다. 아무리 칼뱅이 완고하게 성경무오설을 주장한다고 해도 성경에 틀린 부분이 있는데 어찌하랴. 다음은 김성혁 교수가 그의 저서『올바른 성서관』에서 지적한 성경의 오류 부분을 옮겨본다.

① 성경은 무오라고 하는데 「눅 23:42」에서는 한 강도가 회개한 것으로, 「막 15:32」과 「마 27:44」에서는 예수를 욕한 것으로 상반된다.

가로되 예수여, 당신의 나라에 임하실 때 나를 생각하소서 하니 예수께서 이르시되 내가 진실로 네게 이르노니 오늘 네가 나와 함께 낙원에 있으리라 하시니라(눅 23:42-43).

이스라엘의 왕 그리스도가 지금 십자가에서 내려와 우리를 보고 믿게 할지어다 하며, 함께 십자가에 못박힌 자들도 예수를 욕하더라(막 15:22).

저가 남은 구원했으나 자기는 구원할 수 없도다. 저가 이스라엘의 왕이로다. 지금 십자가에서 내려올지어다. 그러면 우리가 믿겠노라. 저가 하나님을 신뢰하니 하나님이 저를 기뻐하시면 이제 구원하실지라. 제 말이 나는 하나님의 아들이라 했도다 하며, 함께 십자가에 못박힌 강도들도 이와 같이 욕하더라(마 27:42-44).

② 「레 11:6」과 「신 14:7」에 토끼를 새김질하는 동물로 기록했으나 토끼는 새김질하는 동물이 아니다.

토끼도 새김질을 하나 굽이 갈라지지 않아 너희에게 부정하고(네 11:6).

다만 새김질을 하거나 굽이 갈라진 짐승 중에도 너희가 먹지 못할 것은 이것이니 곧 약대와 토끼와 사반 그것들은 새김질은 하나 굽이 갈라지지 않았으니 너희에게 부정하고(신 14:7).

③ 또 「창 3:14」에 뱀이 저주를 받아 평생 흙을 먹게 되었다고 했는데 뱀은
개구리와 들쥐를 먹는다.

여호와 하나님이 뱀에게 이르시되 네가 이렇게 했으니 네가 모든 육축과 들
의 모든 짐승보다 더 저주를 받아 배로 다니고 종신토록 흙을 먹을지니라(창
3:14).

④ 「창 37:28」에 요셉을 미다아 사람들에게 판 것인지 이스라엘 사람들에게
판 것인지 명확하지 않다. 요셉의 이야기 등이 구전으로 내려오다가 나중에는
문서에 수록되었을 것이고, 창세기를 편찬할 때 미디안 사람들에게 팔았다는
문서와 이스라엘 사람들에게 팔았다는 문서 중 어느 것이 옳은지 몰라 두 가
지를 섞어서 기록한 것으로 보인다.

때에 미디안 사람 상고들이 지나가는지라 그들이 요셉을 구덩이에서 끌어
올리고 은 20개에 이스마엘 사람들에게 팔매 그 상고들이 요셉을 데리고 애굽
으로 갔더라(창 37:28).

미디안 사람들이 애굽에서 바로의 신하 시위대장 보디발에게 요셉을 팔았
더라(창 37:36).

⑤ 「창 1:7」에는 궁창 위에도 물이 있고 궁창 아래도 물이 있는 것으로, 「창

7:11」과 「창 8:2」에는 고체로 된 하늘 위에는 많은 물이 있다가 하늘의 문이 열리면 비가 오고 창문이 닫히면 그치는 것으로 알고 있다.

하나님이 궁창을 만드사 궁창 아래의 물과 궁창 위의 물로 나뉘게 하시매 그대로 되니라(창 1:7).

노아가 600세가 되던 해가 2월 17일이다. 그날 크고 깊은 샘들이 터지고 하늘의 창들이 열려 40주야를 비가 쏟아졌더라(창 7:11).

깊음의 샘과 하늘의 창이 막히고 하늘에서 비가 그치매(창 8:2).

⑥ 그 재림이 그 당시에 있을 것으로 확신했을 것이다. 신약을 쓴 제자들은 간접 독자인 오늘날의 우리를 상대로 쓴 것이 아니라 직접 독자인 당시의 사람들을 위해 기록한 것이다. 당시에 재림이 곧 있으리라는 신앙으로 쓴 것이다.

인자가 아버지의 영광으로 그 천사들과 함께 오리니 그 때 각 사람의 행한 대로 갚으리라. 진실로 너희에게 이르노니 여기 있는 사람 중에 죽기 전에 인자가 그 왕권을 갖고 오는 것을 볼 자들도 있느니라(마 16:27).

이상과 같이 명백하게 틀린 부분을 지적한 김성혁 교수의 논평을 반박하지 못한다면 성경무오설을 철회하고, 성경이 하나님의 영감된 말씀이 아니라는 것을 인정해야 한다.

이 외에도 틀린 부분들이 있다. 예수의 족보를 『마태복음』에서는 조상인 아브라함부터 예수까지 순차적으로 기록했고, 『누가복음』에서는 예수에서 아담까지 거슬러 올라가면서 기록했다. 역이든 순이든 족보는 일치해야 해야 하는데 그렇지 않고, 이 두 족보에 나오는 인물도 너무 많이 다르다. 그래도 성경무오설을 주장할 수 있는가?

또 성경의 모든 말씀이 영감된 초자연적인 것임을 강조하면서 축자영감설을 설교할 때는 으레 거론하는 「딤후 3:16」의 "모든 성경은 하나님의 감동으로 된 것으로 교훈과 책망과 바르게 함과 의로 교육하기에 유익하니"라는 말씀은 구약을 지칭한 것이다. 이것을 기록할 때는 신약성경은 나오지도 않은 때이므로 신약을 지칭할 수는 없다.

이렇게 사실이 아닌데도 재탕 삼탕 우려먹는 교회들을 보면서 유명한 크리스천인 키르케고르가 그의 저서 『현대의 비판』에서 신랄하게 비판하며 공격한 대목이 떠올라 적어본다.

원시시대의 식인종이 현대 식인종보다 훨씬 낫다. 그때의 식인종은 사람을 잡으면 그 자리에서 죽여 한번 뜯어 먹지만 현대 식인종들은 목숨을 바쳐 순교한 성자나 사도나 기독교인들을 젓갈로 담아놓고 필요할 때마다 계속 꺼내 먹으니 잔인하며 교활하기 짝이없다. 주일마다 오늘은 누구를 꺼내 우려먹을까를 생각한다.

다음은 「딤후 3:16」에 대한 G. 어베링 목사의 논평을 적어본다.

흔히 영감설의 근거로 내세우는 「딤후 3:16」은 구약에 있는 모든 문헌을 가리켰을 뿐이고, 이것은 구약 성립에 대한 유대교의 이해를 그대로 받아들인다는 것이다. 「마 5:17-19」도 구약을 가리키는 것인데, 구약 문자의 일점일획의 성립보다는 작은 계명 19절을 말한 것이다.

그러므로 신약을 영감에 의한 기록으로 볼 수 있는 귀절은 신약에서 찾아볼 수 없다. 「계 1:1」과 「계 22:18-19」에서 영감에 대해 언급한 것을 볼 수 있으나 이것도 그가 기록한 문자나 다른 신약에 관련시킨 것이 아니라 그가 보고 들은 일에 관련된 것이다. 사도 바울도 자신의 글이 영감을 받은 것이라고 말하지는 않았다. 따라서 교리연구를 주도하는 영감설은 반성해야 한다.

현재 우리가 사용하는 27권의 책 중에서 『야고보서』, 『베드로후서』, 『유다서』, 『요한2·3서』, 『요한계시록』을 정전에 포함시킬 것인가에 대해서도 오랫동안 논쟁해 왔다. 그러나 376년에 발표한 아다나슈서 편지에 27권의 책들이 기록된 후부터 신약성서가 여러 지방에서 정전으로 인정받아 사용하게 되었다고 한다.

그러나 어느 전체 회의에서 정식으로 결정했는지는 모른다. 382년의 로마대회에서 가결했고, 303년에 아우구스티누스가 이에 찬동했고, 396년의 트툴란 회의에서 정전 형성을 종결지어졌다고 한다. 이렇게 성경이 형성된 경위를 살펴보면 오늘날 우리가 사용하는 성경이 처음부터 그 모양 그대로 완성되어 하늘에서 떨어진 것처럼 생각하는 것은 문제가 많다. 그리고 성경은 하나님의 말씀이라는 영감설을 뒷받침하는 학설이 왜 이렇게 많아야 하는지 그것부터 문제라고 생각한다. 다음에 영감설을 나열해 본다.

① 기계적영감설(機械的靈感說) : 필기자에 불과하다.

② 자연적영감론(自然的靈感論) : 초자연적 요소는 없고, 천재적인 사람이 기록했다.

③ 신비적영감론(神秘的靈感論) : 성령이 충만한 사람이 기록했다.

④ 동적영감설(同的靈感說)

⑤ 사상적영감론(思想的靈感論) : 성경에서 인간의 이해를 초월한 부분만 영감되었다.

⑦ 유기적영감설(有機靈感說) : 하나님께서는 저자들의 성품과 기질, 은사와 재능, 교육과 교양, 용어와 어법 등 모든 것을 있는 그대로 사용하셨다.

⑧ 정도상영감론(程度上靈感論) : 저자는 보통 사람보다 정도 이상으로 영감된 사람이다.

⑨ 유오영감론(有誤靈感論) : 성경은 영감되었으나 오류가 없지는 않다.

⑩ 축자영감설(逐字靈感說) : 구구자자 하느님의 말씀이다.

4. 예지예정설의 문제점

성경에는 예지설이 합당한 것으로 이해하기 쉬운 말씀을 여러 곳에서 볼 수 있지만 정면으로 배치되는 말씀도 많다. 예를 들면 다음과 같다.

① 창세 전에 그리스도 안에서 우리를 택하사 우리도 사랑 안에서 그 앞에 거룩하고 흠이 없게 하시려고 그 기쁘신 뜻대로 우리를 예정하사 예수 그리스도로 말미암아 자기의 아들들이 되게 하셨으니 다음과 같다(엡 1:4-5).

② 그 자식들이 아직 나지도 않고 우선 선이나 악을 행하지 아니한 때 택하심을 따라 되는 하나님의 뜻이 행위로 말미암지 않고 오직 부르시는 이에게로 말미암아 서게 하려하사(롬 :11).

③ 하나님은 모든 사람이 구원을 받으며 진리를 아는 데 이르기를 원하시느니라(딤전 2:4).

④ 주의 약속은 어떤 이가 더디다고 생각하는 것처럼 더딘 것이 아니라 오직 너희를 대해 오래 참으사 아무도 멸망하지 않고 다 회개하기에 이르기를 원하시느니라(벧후 3:4).

①과 ②에서는 분명히 창세기 전에 그리스도 안에서 우리를 택하시고, 예정하시고, 아직 나지도 않고, 선이나 악을 행하지도 않았을 때 택해 자기의 아들들이 되게 하셨다는 뜻이다. 이는 분명히 예지예정설이 타당하다는 것을 부인할 수 없다고 해석할 수 있다.

그러나 ③과 ④에서는 하나님은 모든 사람이 구원받기를 원하시면서 오래 참고계시다는 것을 알 수 있다. 이와 같이 정면으로 상반되는 말씀에 대해 이를 조화시키거나 유화시킬 수 있는 말씀은 어디에도 없다.

장로회 교회처럼 철저하게 예지예정설을 믿는다면 인간의 운명은 만세 전부터 이미 끝난 상태라는 말이 된다. 그렇다면 인간의 노력이나 소망은 아무 의미없는 허망한 도로(徒勞)에 불과한 것이니 애쓰고 노력할 필요가 있겠는가.

이러한 맥락과 타성 때문인지 예정설을 믿는 장로회 신자들은 자신들만이 요행히 피택(사실은 피택 여부도 미상이다)되었다고 생각해 무엇이든지 노력하려고 하지 않고 피동적인 이상한 신앙형태로 변질된 것 같다.

무엇이든지 하나님께서 성경의 역사를 통해 풍성하게 축복해 주시기를 바랄뿐 자신의 노력으로 십자가를 지고 신앙의 길을 가겠다는 생각은 하지 않는다. 결과가 좋으면 성령이 역사한 것으로 생각하고, 결과가 좋지 않으면 마귀가 역사한 것으로 생각해 자신의 잘못에 대해서는 관심이 없다.

이렇게 예지예정설로만 해석한다면 인간은 주체성이란 없고, 한낱 로봇에 불과한 것이다. 그런데 한편 인간의 자유의지를 인정할 뿐 아니라 그 책임도 있다는 말씀은 또 무슨 까닭일까.

볼지어다. 내가 문 밖에 서서 두드리노니 누구든지 내 음성을 듣고 문을 열면 내가 그에게로 들어가 그와 더불어 먹고 그는 나와 더불어 먹으리라(계 3:20).

앞의 말씀과 같이 두드리는 문을 열어주고 안 열어주는 것은 내 의사에 따라 결정될 문제이다. 기독교를 받아들이는 것은 전적으로 나의 의사인 것이다. 이것은 예지예정설과는 전적으로 상반되는 개념이라는 것을 쉽게 이해할 수 있는데, 다음과 같은 말씀은 이것을 다시 반전시킨다.

그런즉 하나님께서 하고자 하시는 자를 긍휼히 여기시고, 하고자 하시는 자를 강퍅하게 하시느니라(롬 9:16).

너희가 나를 택한 것이 아니라 내가 너희를 택해 세웠나니(요 15:16).

세계적으로 거대한 기독교의 경전에 왜 이런 모순이 존재하는지 아무리 생각해도 이해되지 않는다. 아무튼 예지예정설의 장본인인 칼뱅의 주장을 그의 저서인 『기독교 강요』에서 들어본다.

① 하나님은 최초의 인간이 타락할 것과 그를 통해서 그의 후손들이 멸망할 것을 아셨을 뿐만 아니라 자기의 뜻대로 모든 것을 그렇게 결정해 놓으셨다. 이것은(모든 인간의 정죄) 분명히 하나님이 계획한 것이다.

나는 또 묻노니 아담의 타락이 어린아이까지도 포함하는 모든 인간을 영원히 죽음에 이르게 했다는 사실을 하나님의 뜻이 그러했기 때문이라고 설명하는 것 외에 달리 어떻게 말할 수 있겠는가?

그것은 실로 두려운 결정이다. 그러나 아무도 하나님이 창조 이전에 이미 알고 있었다는 것과 그것을 자기의 뜻대로 했기 때문에 미리 알고 있었다는 것을 부정할 수는 없다. 아직 죄를 짓지 않은 어린아이들도 그들 속에 그 씨를 갖고 있으며… 따라서 하나님의 진노와 저주의 대상이 될 수밖에 없다.

② 그들의 멸망은 하나님의 예정에 의한 것이기는 하지만 그 원인과 내용은 그들 자신에게 있다. 하나님 자신이 악한 사람들의 행위에서와 마찬가지로 악한 행위 가운데서도 내적으로 역사하신다.

하나님은 목적을 위해 악을 이용하시기는 하나 결코 그것을 분부하시지는 않는다. 즉 인간은 하나님이 결정한 섭리에 따라 타락하지만 그는 자신의 허물로 인하여 타락하는 것이다. 기독교 신자는 이러한 이중적이며 모순된 진술에 내포되어 있는 신비를 해결하고자 하는 유혹을 막아내지 않으면 안 된다. 불가능하고 이치에 맞지 않은 일들에 대해 무지할 줄 아는 것을 배워야 한다.

③ 성서에는 문자적인 의미를 무시해야 되는 것도 있다. 문자적 의미의 목적은 진주를 돼지 앞에 던지지 않으려고 영적인 의미를 숨겨두는 일이다. 장성한 신자는 문자적 의미를 넘어 신비한 의미를 발견하는 데까지 나아갈 수 있다는 것이다.

이상과 같은 칼뱅의 주장은 논리적으로 모순될 뿐 아니라 한 마디로 지리멸렬하다는 인상을 준다. "우리는 알아서 좋은 일 이상을 알아서는 안 된다"라고 한 성 어거스틴의 현대인의 안목에서는 방자한 주장이 그 시대에서는 유명한 명언으로 통했던 것과 같이 칼뱅의 예지예정설 등 비논리적이요 권위주의적인 구기변이 그 당시에는 수용되었다고 하더라도 오늘의 성숙한 현대인이 그대로 긍정하며 맹종하기를 바란다는 것은 불가능하다고 생각한다.

프란시스 베이컨은 "정신은 인간이며 지식은 정신이다. 인간이란 그 아는 것에 불과하다"라고 말했다. 자신의 정확한 위치를 알려면 전체의 방향부터 정확하게 파악해야 한다. 장님이 코끼리 만지는 식으로 목사의 설교에만 의존하지 말고 자신의 노력으로 신앙의 현 위치를 파악하고 진로를 모색할 필요가 있다. T. L. 링은 성경주의의 위험성을 다음과 같이 지적했다.

종교활동은 살아 있는 인격적 존재로서 결정되는 것이 아니라 신학적인 체계나 성서에 쓰여 있는 대로 행하는 허수아비가 되고 만다. 성서는 초기에는 살아 있는 현실에 대한 중언자였지만 그 후에 점차 폭군으로 변해 모든 종교 생활을 지배하게 되었다.

즉 모든 인간들이 종교생활에서 구하는 것은 성서를 통해서 정당화되어야 하고, 그것에 의해 해석받아야 하고, 추인받아야 한다는 결론이다. 그래서 현대에 와서는 이 성서가 신(god)을 대신하기에 이르렀다. 그리고 더 위험한 것은 성경주의의 신학자들이 제각기 해석을 내린다는 점이다.

5. 신앙과 생활

오늘날 우리나라의 개신교는 신도가 800만이다 1,000만이다 하며 정부예산의 10분의 1 정도의 비용을 쓴다고 하는 대부흥회를 자랑한다. 신·구 기독교인의 수가 전 인구의 4분의 1을 넘는 것으로 추측되고, 전 세계적으로도 그 비율이 이와 유사한 것으로 보인다.

이러한 비율의 방대한 크리스천들이 진정 예수의 정신에 따라 사고하고 행동하며 타인을 위하고 이웃을 사랑하여 자기를 희생하는 올바른 크리스천의 신앙생활을 실천했다면 그것이 이 사회의 누룩과 소금으로 작용하여 지금쯤은 사랑과 평화, 자유와 평등, 정의와 진실 등의 사회풍조가 만연되어 가는 지상천국의 도정에 접어들었을지도 모를 시점이 아닐까 생각한다.

그러나 현실은 이렇게도 살벌하고 각박한 세상, 약육강식하는 세상, 선인은 고난받고 악인은 창성하는 세상, 최소한의 윤리의 척도마저 망가진 세상이 되어 있는 것이 무엇일까.

기독교가 세계에 공헌하는 것이 무엇일까. 가당치도 않은 이기적 축복설과 타계내세주의에 탐닉하여 거룩한 안일을 탐하며, 절실한 사회문제를 대안의 화재시하고, 사회참여에는 뜻이 없으면서도 때로는 거대한 힘을 앞세워 사회문제에 부당하게 간섭하는 경우를 보여주는 것이 고작이다.

국민 대부분이 크리스천들이라고 해도 과언이 아닐 정도의 독일에서 반기독교적인 히틀러정권이 수립되었고, 기독교의 총본산이며 교황청이 있는 이탈리아에 무솔리니의 파시스트정권이 수립된 것이며, 러시아 정교회의 본산인 소련에 신을 부정하는 공산정권이 수립된 것을 보면, 기독교가 세계에 미치는 영향이란 보잘것없다는 것을 부인하기 어렵다고 생각한다.

진화론으로 유명한 다윈이 한 미국 농장주의 초대를 받아 농장을 방문했는데, 흑인 남녀 노예 수십 명이 울부짖으며 몸부림치고 있었다고 한다.

다윈 : 이들이 왜 이러는지요?
주인 : 장정들을 다른 농장으로 이송하기로 했는데 그 가족들이 떨어지기 싫다고 야단들입니다.
다윈 : 가족을 같이 보내면 좋지 않을까요?
주인 : 거기는 남자만 필요합니다.
다윈 : 그 가족이 다음에라도 만날 수 있습니까?
주인 : 아마 못 만나게 될 겁니다. 말이 부인을 만나야 하나요?
다윈 : !?

아이러니하게도 이 농장주는 믿음이 아주 좋다고 소문난 독실한 크리스천이었다고 한다. 이들은 누구를 이웃으로 생각하는 것일까. 흑인 노예를 가축 정도로 생각한다면 다른 유색 인종들은 어떻게 생각할까. 그러나 이것이 대다수 기독교인들의 신앙과 생활을 보여주는 예이며 텍스트라는 것을 부인하기는 어렵다.

더 놀라운 것은 우리나라에 파송된 소위 선교사라는 사람이 현지에서 저지른 만행을 보면 할 말이 없어진다. 1925년 선교사 허시모는 자기 과수원에 들어와 몰래 과일을 따먹은 어린이 김명섭(12세)을 붙잡아 양쪽 뺨에 염산으로 '도적'이라는 글자를 크게 써서 1시간 동안이나 말린 후에 풀어줬는데, 도적이라는 글자는 영영 지워지지 않았다고 한다.

당시에 선교사의 만행을 규탄하는 사회여론이 비등했던 사실을 우리는 기억하고 있거니와, 이 선교사가 예수의 사랑을 눈꼽만큼이라도 배우고 왔다면 이런 행동은 하지 않았을 것이다. 이러한 선교사가 입식한 그 지방의 기독교가 올바른 기독교일 수 있었는지 의문이다.

G. 에벨링 목사는 그의 저서 『신앙의 본질』에서 신앙과 생활이 일치하지 않아도 전혀 죄책감을 갖지 않는 이상한 풍조와 기독교의 문제점을 다음과 같이 지적했다.

설교가 대부분 지루하지 않으면 분노를 느끼게 했고, 혹은 쓴웃음이나 탄식을 자아내게 했다. 기독교인은 두 가지 생활영역을 갖는 데 너무 익숙해졌다. 즉 교회의 영역과 세상의 영역을 분리된 것으로 삼는 버릇이다.

신앙을 초조하고 불안한 세상에서 떠난 신(神)적 안정과 화평으로 돌아가는 것처럼 생각한다. 기독교는 전적으로 하나님 나라의 것에만 관여하는 종교이다. 그리고 나라가 쇠퇴하면 그 백성을 멸망시킨 하나님의 손을 축복한다.

기독교의 교리는 그가 참사람이요, 동시에 참하나님이라고 하지만 그리스도의 상은 천사의 상과 같은 인상은 줄 수 있어도 우리처럼 피와 살로 된 사람이라는 인상은 주지 못한다. 이 모순을 해결하는 길은 그는 역사적 인물이 아니라 신화적 형상이었다고 하거나 신화로 변장한 역사적 인물이라고 할 수밖에 없는 것인가.

예수에 관계된 것을 마치 역사적인 사실처럼 믿으라는 요구를 견디지 못해 신앙을 포기했다는 말을 많이 듣는다. 이 요구를 침묵으로 묵살해 버리는 경우는 또 얼마나 많겠는가.

또 이 요구에 쉽게 결단을 내려 비약하거나 그것에 융화되려고 애쓰는 자에게도 역시 신앙은 결국 인간의 행위, 다른 모든 것에 첨가해서 소유할 수 있는 율법, 그렇지 않으면 믿지 못할 것에 대한 신앙 양심에서는 참이라고 할 수 없는 것을 역사적 사실로 인정하는 신앙으로 변질될 것이 분명하다.

방금 신앙 이해의 자가당착과 신앙의 특수한 성격에 대한 증가되는 몰이해, 그리고 반대로 인습적 역사 관찰에 대한 노골적 항의, 이런 것들이 서로 작용해서 일으킨 불길한 예감은 근세 초에 교리적 그리스도상을 도외시하는 역사적 예수성을 그려내는 데 안간힘을 쓰게 했다.

그 결과 신앙의 그리스도 대신 단순한 인간 예수를 대치하는데, 다시 말해서 후세의 채색에서 예수의 자연적인 인간성을 되찾아 그것을 선두에 내세우는 데 이르기도 했다. 이렇게 해서 선교자 예수가 선교 대상자인 그리스도로 바뀐 과정이 큰 문제로 등장하고, 나아가서는 그 과정에서 예수 자신의 뜻이 완전히 왜곡된 사실도 발견했다.

여기서 후오순절인 승천의 주에게서 떠난 전오순절적인 예수, 즉 교사이며 모범인물인 예수에게로 인습적 기독교의 창시자 바울에게서 떠나 예수 자신에게로, 어려운 신앙조문을 위주로 한 기독교에서 떠나 단순한 하나님 신뢰의 기독교, 행동적인 사랑의 기독교로 돌아가라는 구호가 생겨났다.

이 운동은 두 방향으로 전개되었다. 하나는 교리적 예수상을 비판적으로 분해하면서 예수가 대표한다고 생각하는 순박한 종교적 관념에 의해 그 예수상을 대치시키는 일이고, 또 하나는 역사 연구에 의해 예수의 실재 생애를 재구성하는 일이었다.

기독교 신앙에서 이해할 수 없는 저 많은 표현들이 대체 하나님과 어떤 관계란 말인가. 하나님은 있다는 흔한 빈말 중에도 기독교 신앙 전체보다 적지 않은 것이 포함되어 있고, 그런 까닭에 하나님은 쉽게 이해될 수밖에 없다.

우리가 필요한 것을 하나님 아버지가 알고 계시니 근심하지 말라는 것보다 더 구체적으로 표현할 수 있을까. 옳다 그르다는 긍정이 마음깊이 파고들 수밖에 없도록 그는 하나님의 뜻을 가르쳤다. 사람에게 용기를 주고 믿게 하는 것이 바로 예수에 있어서의 하나님의 뜻일 것이고, 이것은 동시에 자유로의 용기를 뜻할 것이다.

이렇게 신앙은 신앙일 뿐 실제 생활과는 무관해진 이유는 무엇인가? 그것은 두말 할 필요도 없이 교회이다. 우리나라에 처음으로 들어온 선교사들이 선교 대상을 서민 대중에 두고 무지한 부녀자층, 특히 미혼 여성들에게 초점을 맞추었다고 한다. 그래서인지 어느 교회를 가보아도 서민층 부녀자들이 대다수를 차지한다.

이 부녀자들과 개별적으로 대화해 보면 병치료와 소원성취가 교회에 가는 주된 목적이라는 것을 알 수 있고, 이러한 절실하며 이기적 목적을 성취하고 싶은 열망으로 광신적인 양상을 띠고 있음을 알 수 있다. 특히 놀라운 것은 이들 대다수는 미신에 가까운 사고방식으로 항상 쫓기는 신앙생활, 위협받는 신앙생활을 한다는 것이다.

그 이유는 교회에 대한 봉사나 헌금 등의 신앙활동에 나태해지거나 소홀해지면 영락없이 시험(벌)이 닥치더라는 것이다. 이러한 신념은 자신이 당해 본 체험에 의한 결론이므로 확고 부동하게 믿고 있을 뿐 아니라 동료 교인들끼리 서로 경험을 주고받으면서 더욱 확산되어 대부분의 여신도들이 전전긍긍하며 신앙생활을 하는 것이 의외로 광범위하게 퍼져 있다.

'복음'이란 좋은 소식이라는 뜻인데 왜 이렇게 불길한 소식으로 변했을까. 여기에 "한국 교회가 안고 있는 병은 믿기만 하면 된다는 병"이라고 진단하면서 한국 교회의 병폐를 지적한 서광선 교수의 논문을 적어본다.

한국 교회의 신앙은 비지성적이거나 반지성적이다. 나는 한국 교회가 안고 있는 병은 '믿기만 하면 된다는 병'이라고 진단한다. 이 병은 한국의 신학을 수립하는 데 가장 무서운 암적인 요소가 되어 왔다.

믿는 일과 아는 일이 반드시 대립되는 것이라는 생각에서뿐만 아니라 믿기만 하면 된다는 생각은 믿는 일에 있어서 아는 일이란 필요없다고 하는 데 병이 있는 것이다. 더구나 믿은 일은 아는 일을 묵살하거나 알려고 하는 사람들을 억압하기까지 하는데 한국 교회의 심각성이 있는 것 같다.

한국 교회가 논의하는 신앙이나 신학에 있어서 신앙과 이성의 문제가 충분히 토론된 일이 없을 뿐만 아니라 신앙은 항상 이성을 반대해야 한다는 자세로 일관해 왔다. 나는 여기서 한국 신학의 발전과정에 있어서 노출된 교회의 반지성적 역사를 들추어 내고 그 원인들을 찾아보면서 신앙의 지성적 역할을 역설해 보고자 한다.

…결국 한국 초대교회의 신학사상은 근본주의적인 토대 위에서 성경을 문자 그대로 전하고, 이에 대한 각종 신학을 수립하는 지적활동의 여지를 없애는 데 있었던 것이다. 한국 교회의 비지성적 입장은 바로 선교사들이 배운 근

본주의적 진리와 정설 외에 쓸데없는 공론은 논의할 필요조차 없다는 반지성적 자세에서 출발했다. …한국 교회를 위한 초대 선교사들의 공식적인 선교정책 역시 상기할 보수성 혹은 단순성을 피력하고 있었다.

1890년대의 선교사들은 한국에 대한 선교정책을 모색하는 데 있어서 1890년 중국 지푸에서 선교활동을 하던 존 네비어스 목사 부처를 한국으로 초청해 자문을 받았다. 그 후 소위 네비어스 선교정책을 연구하며 적용하기 위한 목적으로 조직한 미국 북장로회 미션 및 빅토리아(호주) 미션 연합공의회의 후신인 선교총회는 한국 교회의 선교정책의 원칙을 제정했다.

그 중에서 주목해야 할 것은 상류층보다는 근로자층이 좋다는 것, 그리고 부녀자에게 전도하고 그리스도교 소녀들을 교육하는 데 특별히 힘을 쓴다. 가정주부들이 후대의 교육에 중요한 영향을 끼치기 때문이라는 것이다.

선교대상을 근로자층과 부녀자로 제정한 것은 기독교가 민중을 대상으로 삼았다는 데 그 의의가 있다고 할 수 있다. 그러나 문제는 기독교의 복음을 무지한 민중과 부녀자들을 위해 단순화시켜야 했다는 것이다. 기독교 신앙이 민중을 계몽하기 위해 기독교가 그 자체를 단순화하고, 나아가서는 그 단순한 교리를 보수화한 데 문제가 있는 것이 아닌가 생각한다.

이러한 점은 네비어스 선교정책의 수립할 때 세운 선교사들의 원칙에서 드러난다. 부녀자와 근로대중에게 복음을 전할 교역자 양성을 위한 신학교육은 그야말로 단순했고, 소수인 선교사들의 신학사상을 그대로 드러낸다.

교역자의 자격은 첫째는 성령이 충만한 사람, 둘째는 기독교의 근본적인 사실과 신조를 철저히 믿는 사람, 셋째는 어떤 고난도 참아내는 사람이었다. 그리고 이러한 인간을 양성하는 신학교육의 수준은 일반인보다는 높고 선교사보다는 낮은 중등 정도의 교육이면 충분하다는 것이었다.

이러한 신학교육의 정책에 관해 여러 가지 비난을 받아 온 것을 수긍하면서도 김양선 교수는 교육자가 주로 선교사였던 당시의 현실로서는 그런 정도 이상의 교육은 기대하기 곤란했다고 두둔했다. 그러나 그 후 한국의 신학교육의 지적수준이 제도상으로나 내용면에서 다른 방면의 교육 수준에 비해 높아졌다고 보기는 어렵다.

근본적으로 한국 교회는 초대 선교사들이 제도화한 신학교육의 수준을 계승했고, 또 그러한 저급한 신학교육을 받은 교역자들이 교계를 장악해 왔다는 것은 심각하게 생각해야 한다. …그런데 한국 기독교인들의 정치적 각성을 불순한 것으로 격퇴된 것은 역시 한국 신학을 형성해 온 근본주의의 사상에 기인한 것이 아닌가 생각한다.

복음 외에는 다른 것은 전하지 않겠다는 자세, 천당과 지옥을 말하며 혼란한 세속을 벗어나 개인의 구원을 얻으라는 것이 교회의 외침이었다. 근로자와 부녀자들을 중요한 선교 대상으로 삼은 이유는 그들을 무지와 억압에서 벗어나게 하려는 것보다 현실도피와 개인의 구원을 가장 잘 받아들일 수 있는 계층에 파고들자는 것이었을 것이다. 복음만을 전한다는 것은 탈정치적인 것 역시 내포했으며, 현세도피의 근본주의사상의 진상을 보여주는 것이었다.

한국 교회는 부흥회를 통해 숫적으로는 확장되었으나 그 것은 조심스럽게 애국적인 정치참여를 탈피하는 것이었다. 그래서 정치적인 관심을 동기로 교회에 모이는 사람들을 교회를 비신앙적인 정치의 비밀회의실로 사용한다고 비난했고, 이러한 비난을 한 교인들을 제거하기까지 했다는 것이다.

…부흥회는 종교적인 열광주의에 그 뿌리가 있다. 부흥회는 종교적 형식인 의식을 무시하며 배척하고, 어떠한 제도화도 반대하며, 종교는 개인과 신과의 직접적인 문제라고 주장한다. 즉 기독교 신앙은 초자연적인 성신의 힘에 의해

감동되어야 하고, 신비적인 신과의 교통이 있어야 하며, 신앙은 뜨거운 감동과 확실한 체험이 있어야 한다고 한다.

부흥회를 통한 신앙은 지성이 필요하지 않다. 감정을 자극하는 찬송을 연장하고, 눈물로 호소하는 회개의 기도와 열망할 수밖에 없는 개인의 죄를 고백하고 기원을 위해 십자가의 예수를 바라보라는 것이 설교의 전부이다. 부흥회의 기교나 내용이 말해주듯이 여기에서 생성한 열광적 신앙은 지성을 전제로 이해되는 신앙이 아니라 지성 이전의 체험적이며 감정적인 신앙이었다. 참으로 무지한 근로자나 부녀자들을 대상으로 한 복음전도로서는 가장 적합한 방법이 아니었던가 싶다.

…본래 극단의 보수주의자라는 것은 이미 가진 그것이 완전한 것이기 때문에 다른 것은 더 생각할 필요도 없다는 심적 태도를 굳게 지니고 있는 사람들이다. 그러므로 한국 교역자가 혹시나 다른 것을 배울까봐 그들은 될 수 있으면 철의 장막이라도 치고 싶었던 것이다.

…그런데 1947년 김재준 교수의 자유주의 신학사상에 불만을 품은 조선신학교 학생 51명이 대구에서 열린 장로회 총회에 김교수의 교수 내용을 고발하는 진정서를 제출했다. …이것은 21세기 문명 한국에서 있었던 일종의 종교재판이라는 인상을 준다. 다음은 문답의 중요 내용이다.

문: 김교수 진술서에 의하면 성경에 오류가 있다고 하셨는데요?

답: 있는 것을 없다고 하겠습니까? 성경은 정확하며 무오하다고 그대로 믿는 사람이 있고, 오류가 있다고 믿지 않는 사람이 있고, 다소 오류가 있으나 그 속에 구속하는 이치가 있으니 믿는 사람이 있습니다. 나는 3번째에 속하는 사람입니다. 나는 그렇게 믿으면서 학자의 양심으로 그대

로 가르칩니다.

결국 위원회는 김교수가 교수를 할 수 없다는 가결을 내렸다. 그러나 이 문제는 6.25 한국전쟁 이후 예수교장로회와 기독교장로회로 분열시켰다.

종교재판을 감행하면서 교수를 연구에 입각한 교수 내용으로 교수를 해직시킨 전근대적 처사를 한 것을 보면 신학교에 학문의 자유는 없고, 신학은 결국 교권의 시녀로 타락하지 않을 수 없게 되었다.

…지성을 교회와 신앙의 원수로 돌려 신앙은 낡아만 가고, 성숙한 인간을 위한 신앙이기보다는 영아기 인간을 위해서밖에 존재하지 못한다는 것이다.

…본회퍼의 입장은 신앙을 올바로 이해하면 할수록 지성을 내포하지 않을 수 없다는 것이다. 신앙의 뜻은 이해하지 못하고 믿는 신앙은 거짓 신앙이라고 판단하다. 신앙을 지성과 나누는 것은 신앙을 인간생활과는 관계없는 타계에 제한시켜 버리는 행동이다.

…신앙이 천당과 지옥에만 국한되는 것이 아니라면 신앙은 이 세상을 인간화하려는 지성과 힘을 합쳐야 한다.

이와 같이 교회의 모순은 여기저기서 볼 수 있다. 특히 신앙과 생활이 분리되어 있다는 본말전도의 중대한 풍조는 종교 자체의 존재 의의마저 회의하게 만든다.

역사적으로도 교회에서는 경건을 가장하고 자신을 거룩한 성도로 자임하는 유럽의 백인 크리스천들이 사회생활이나 개인생활에서는 교활한 이리로 돌변해 아프리카 등지에서 흑인들을 사냥해 팔아먹다가, 마침내 인류를 저버리고 세계적인 노예무역으로 치부를 하고, 그것도 부족해서 아프리카의 모든 나라를 침략해 강제로 점령했으니, 이후 곧바로 선교활동이 시작되었을 기독교를 생각할 때 그것이 점령지의 선무(宣撫)적 성격은 띠고 있었다고 할 수 있다고 하더라도 진정한 의미의 기독교 선교사업이라고 강변하기는 어렵다고 생각한다. 그것은 바로 일종의 침략이었으니 이것이 바로 유럽의 크리스천들의 생활이었던 것이다.

이러한 맥락에서 전도가 된 기독교, 그 밑바닥에 불평등 감정이 깔려 있는 아프리카의 기독교가 정상적인 기독교가 되었다면 오히려 이상한 일이다.

1920년대에 자이레의 킴방 교회를 중심으로 '하나님은 검둥이다' 라는 구호를 내걸고 백인 종교와 백인 기독교를 거부하면서 아프리카의 주체적인 기독교를 주장하는 움직임이 일어났다. 이런 종교운동은 아프리카의 독립운동에 결정적인 기여를 했다고 한다.

남아프리카에서 일어나고 있는 인종차별의 해방투쟁에서 기독교의 참모습이 거기에 있어야 한다는 것을 우리는 인식해야 한다. 정통보수주의는 안일한 전통이라는 의자에 앉아 흔해빠진 현세의 축복과 타계내세의 영혼구원만 노래하고 있으며, 개혁교회의 성경무오설은 이제는 그 설교에서마저 궁색한 논리임을 자인하지 않을 수 없게 되었다.

"아드님 하나님께서는 징조된 것은 아니지만 아버지로부터 출생한 것이 아니라 아버지로부터 단순히 나온 것이다." 이것이 삼위일체론의 해석이다. 이상과 같은 성서에서 유추된 기독교의 삼위일체설에 대해 이슬람교에서는 "기독교는 진실한 일신교와는 전혀 양립할 수 없는 삼위일체 교리만큼 이슬람교 교도들에게 받아들여지기 어려운 것은 없다. 예수를 신으로 예배하므로 기독교인들은 우상숭배의 길로 빠져들었다. 예수의 뜻과는 달리 죄 중의 죄인 우상숭배의 길로 빠져들었다"라고 논평했다.

물론 '예수는 검둥이다' 라는 아프리카 기독교의 주장을 인정할 수는 없다. 니케아회의 전까지는 성경에 기록된 대로 예수는 모양이 없고 맵시도 없는 분으로 생각했지만 그 후에 양을 위해 목숨을 바치는 목자로, 혹은 잃은 양을 품에 안은 그림 등 수백 수천의 그림과 사진이 제작되었다. 그리고 핀란드인으로, 흑인으로, 하오리를 입은 일본인으로, 갓을 쓴 한국인으로 묘사되기도 했다고 한다.

예수의 사진이 현존하지 않는 것은 당연한 상식이지만 시중에서 파는 예수의 그림을 무지한 부녀자 신도들은 그것이 진짜 예수의 사진으로 알고 있는 경우가 많은데 교회가 시정하지 않는 이유는 무엇인가?

또한 성경의 내용 그대로 예수는 셈족에 속하는 유대인임은 의심의 나위가 없는 것이다. 옛날 티그리스 강과 유프라테스 강 중간 지점, 지금의 이란과 이라크의 국경 지역에 살던 조상 아브라함이 그 강을 건너 팔레스타인에 가서 살아 히브리(건넜다는 뜻) 민족이라고 불렀다고 한다.

다음은 아프리카의 탄자니아 대통령을 지낸 니에레레가 그의 논문 「종교의 현존적 사명」에서 아프리카의 시각에서 기독교를 논평한 것을 옮겨본다.

…부자들이나 부자 나라들은 가난한 사람들이 빈곤을 극복하는 것보다 훨씬 더 빠른 속도로 부강해지고 있다. 마치 대지의 메마른 곳에서 나오는 물이 대양으로 흘러들어가는 것처럼 부는 가장 빈곤한 나라와 가장 가난한 사람들에게서 이미 부유해진 나라와 사람들의 수중으로 흘러들어가고 있다.

하루에 한 덩어리의 빵만으로 살 수 있는 사람도 빵집 주인이 처리하기 힘들 만큼 많은 돈을 가지고 있는데도 주인에게 이익이 되도록 기여한다. 자유시장에서의 가난한 나라의 위치는 마치 거인과 경쟁하는 난장이와 다름없다.

…인간이 목적이다. 개발의 목적은 바로 인간이다. 그것은 개인과 인류 전체가 최선을 다할 수 있도록 물질적으로나 정신적으로 여러 조건을 갖추는 일이다. 기독교인들이 이러한 것을 이해하기는 쉬운 일이다. 왜냐하면 기독교는 모든 인간이 그리스도를 통해 하나님과 합일해야 한다고 주장하기 때문이다.

…모든 교회는 상대적으로 잘못을 범하고 있다. 왜냐하면 교회의 대표들과 여러 친구들은 흔히 인간개발이란 것을 인격적이고 내적인 것으로만 생각한 나머지 그것을 우리가 살고 있으며 일상의 빵을 벌어야 하는 사회나 경제와는 별개의 것으로 처리하려고 하기 때문이다. 그러니까 그들은 일종의 단념을 권유하는 것이고, 그리하여 오늘날 이 세계의 모든 정치·경제·사회 조직을 불변의 것으로 받아들이는 것이다.

…만일 교회가 현재 인간이 처해 있는 여러 조건에 대한 저항에 있어서 내용과 지도력을 통해 인간에게 하나님의 사랑을 설명하지 않으면 불의와 박해로 인정될 것이다. 그 결과 교회는 사멸할 것이고, 좋게 말해 없어져야 마땅할 것이다. 왜냐하면 그와 같은 것은 현대인을 위해 아무것도 기여할 수 없기 때

문이다.

···현재와 같은 사회의 조건에서는 인간은 신의 피조물이 아니라 바로 우리들 이웃의 피조물인 것이다.

···이 사실은 한 미국인의 1년 소득을 탄자니아 사람 1명이 벌어들이려면 40년이 걸린다는 것을 의미한다.

···교회의 사랑은 악에 대한 투쟁과 선을 위한 노력 속에서 나타나야 한다. 왜냐하면 교회가 악을 묵인하면 악은 계속 발생할 것이고, 그것은 결국 교회와 기독교를 불의와 동일시하는 결과를 초래할 것이기 때문이다.

힌두교에는 '많은 면을 가진 다이아몬드와 같은 진리도 여러 가지 각도에서 빛날 때 더 휘황하게 빛난다'는 말이 있다. 진리는 하나(전체)라는 의미로 해석해도 과히 틀린 말은 아니라고 생각한다.

그러나 근본주의 개혁교회에서는 이 말에 대해 펄쩍 뛰며 해괴망측하다고 부정할 것이다. 왜냐하면 진리는 오직 근본주의에만 존재한다고 여겨 다른 종교에는 진리가 없다고 맹신하기 때문이다.

이러한 도그마에 대한 신앙은 놀라울 만큼 철저해 어떤 교인도 이 교리에 대한 신념은 요지부동임을 본다. 하지만 이것은 우물 안 개구리에 불과한 생각이다. 왜냐하면 현 세계에 존재하는 모든 종교의 의식이 50보 100보로 비슷할 뿐 아니라 이것은 결국 인간의 인식능력의 한계를 웅변으로 말해주는 현상으로 그 이상의 현실에 뿌리박히지 않은 기상천외의 의식은 생각해 낼 수 없다는 뜻이라고 생각한다.

종교의식은 대개 기도·설교·노래·분향으로 이루어지고, 금욕
고행상을 만들고, 종을 울리는 등의 범주에 속하는데 대체로 비슷
하다. 또 의식을 집행하는 사람들은 승려·신부·목사·무당·금
욕고행사 등이며, 그 교훈 역시 사랑·자비·불살생(不殺生)·인
(仁)·자기희생·선행·인내·금욕·고행·십자가의 희생 등을 가
르친다. 그리고 소원성취나 구원관 등도 비슷하다.

이렇게 볼 때 인간은 항상 자신의 욕구를 실현시키려고 비상한
노력을 경주하지만 항상 방해를 받고 좌절의 고배를 마시므로, 자
신의 달콤한 비전이 모두 실현될 수 있는 편리하고 환상적인 세계
를 가상해 이 세계에 자기를 도와줄 힘이 있다고 믿게 되는 것이
종교의 시작이라고 한다. 매우 살벌한 추론이지만 프로이드의 주장
을 옮겨본다.

종교는 전 시대사의 인간 정황(情況)으로 시작되었는데, 그 정황이란 아들
들이 합작해 아버지를 죽이고 아버지의 처첩을 소유하려 했으나 그들은 살인
후에 죄책감을 느껴 본래의 생각을 포기했을 뿐만 아니라 종교적인 의식을 통
해 자신들의 비행을 회개했다고 한다. 비행의 희생자인 아버지를 기념해 신의
지위로 올려놓았고, 종교적 예배의 전제는 이 심리적 죄책감에서 생긴 것이다.

17세기 영국의 정치 철학자인 토마스 홉스는 다음과 같이 말하
면서 종교는 세력에 미친 승려들의 장난이라고 혹평했다.

역사적으로 보면 승려계급이 세력을 쥔 적도 많았다. 인도에서는 브라만 계급이 서장(西藏)에는 인구의 5분의 1이나 되는 승려가 사회의 지배계급이며, 신교에서는 국가를 형성해서 지배권을 장악했던 일, 중세의 천주교 승려는 유럽의 지배권을 소유했다.

6. 평신도의 의문사항

1) 천국행 개인 티켓은 없다고 하는데

교회에서는 예수를 믿어 구원을 받을 수 있는 대상은 믿는 당사자인 본인에게만 해당한다고 못박는다. 아내가 아무리 잘 믿어도 남편은 구원받을 수 없고, 목숨처럼 사랑하는 가족이라도 대신할 수 없는 철저한 개인주의이다.

그러나 성경에는 '주 예수를 믿으라. 그리하면 너와 네 집이 구원을 얻으리라(행 16:31)'고 하여 당사자는 물론 그의 집까지 구원을 받는다고 했다. 네 집이라는 개념은 건물이나 대지 등 주택 자체를 지칭하는 것은 아닐 것이다. 그의 가정인 구성원들, 가족들을 지칭한다는 것은 의심의 여지가 없다. 그런데 왜 반대로 해석하는 것일까?

주기도문을 보아도 '하늘에 계시는 우리 아버지… 내 아버지가 아니고 우리 아버지시며 우리에게 일용할 양식을… 우리가 우리에게 죄지은 자를 사하여 준 것처럼 우리 죄를 사하여…'이다. 이렇게 내가 아닌 우리이다.

옛날로 거슬러 올라갈수록 씨족 중심으로 개인의 개성은 그 씨족의 단위에 융합되어 버리고, 혈족 중심으로 생산이나 방어나 신앙생활이 공동으로 이루어졌으며 공동체의 형태를 취했으므로, 너와 네 집을 따로 떼어 생각하지 않았다. 그러므로 너와 네 집은 동일한 단위라고 생각한다.

옛시대에 있어서의 종교 역시 개인의 영혼구제는 문제되지 않았으며, 씨족적인 공동의 감정, 공동의 배려, 공동의 상상, 공동의 환상 등 이것들의 총괄이 종교였을 수밖에 없었던 것이다. 이러한 종족의 생명이 행동을 통해 제사가 되고 감정에 의해 노래로 나타났다고 하지 않는가.

김수환 추기경은 "하나님은 남과의 유대없는 개인구원은 하지 않는다"라고 했다. 대체 교리라는 것의 정의는 무엇일까. 성경의 지적인 이해가 교리라고 한다면 개신교에서 '믿기만 하면 구원 받는다'고 강조하는 교리는 너무나 형식적이요 안이한 일면이 있는 것이 아닐까, 관념적으로 믿기만 하고 행동은 따르지 않는다면 한낱 관념적인 공염불에 불과하며 이것이 기독교일 수는 없을 것이다.

김수환 추기경이 말한 '남과의 유대없는' 그것이 될 수밖에 없을 것이다. 굶주리고 헐벗는 이웃을 보고서도 유대를 가지고 도와줄 생각은 추호도 하지 않으면서 자신만의 구원을 위해 이기적인 기도만 하고 있어도 그것이 올바른 믿음이라고 할 수 있을까. 천국행 개인 티켓은 없다는 뜻은 바로 이런 경우에 해당되는 것으로 여겨진다.

「출애굽기 20:5-6」에도 '…질투하는 하나님인즉 나를 미워하는 자의 죄을 갚되 아비에서 34대까지 이르게 하거니와 나를 사랑하고 내 계명을 지키는 자에게는 천 대까지 은혜를 베푸느니라' 하여 개인 위주가 아니라 연대 책임을 묻는 것이다. 더구나 아담의 범죄로 말미암아 모든 인류가 영원히 저주스러운 원죄의 너울을 뒤집어 쓰게된 두려운 교리 앞에서 개인주의 운운이 용해될 수 있을까.

또한 믿지 않고 죽은 자의 추도식 인도의 부탁을 받은 목사가 처음부터 끝까지 한마디도 죽은 자에 대한 거론을 하지 않고 끝맺는 것을 보면 아마도 믿지 않고 죽은 자는 영원히 구원될 길이 없다는 교리에 의한 것인지도 모른다. 그렇다면 아예 추도예배 인도를 거절했어야 옳은 것이 아닌가? 유족에 대한 예의로 보나 죽은 자에 대한 에의로 보아도 본말전도의 처사는 비난받아 마땅하다.

그리스도를 듣지 못하고 죽은 자에 대해서 개신교에서는 예외 없이 모두가 영원히 구원불가로 못박고 있지만 서기 이후의 사람들은 접어둔다 하더라도 서기 이전에 태어난 것은 본인의 잘못이 아니라 하나님의 섭리에 의한 것일 터인데, 왜 그 책임을 본인에게만 지우는 것인지 불공평한 처사가 아닌가.

이에 대해 1965년 가톨릭 공회의 제2바티칸 공의회에서는 "어쩔 수 없이 그리스도를 듣지 못했으면서도 하나님을 진실로 찾고 하나님의 은혜로써 자기 양심의 소리에 귀를 기울여 하나님의 뜻을 따르려고 애쓴 사람들은 영생을 얻을 수 있다"라고 선포했는데도 개신교회들은 요지부동이다.

특별히 성경에는 죽은 자 자신의 신앙이나 믿음에 의해서가 아니라 산 자와 예수의 축복으로 죽은 자 중에서 다시 살아나 구원받은 예가 한두 번이 아님을 볼 때 정통보수주의의 철저한 신앙의 개인주의는 평신도의 안목에서 보면 의아하다.

① 나인성 과부의 아들(눅 7:11-7)

② 야이로의 딸(막 5:21-24)

③ 나사로와 마르다 (요 11:1-44)

④ 도로가를 살린 베드로(행 9:36-42)

⑤ 중풍 병자의 상을 달아내린 그의 친구들(막 2:1-12)

2) 신앙을 포기했던 자의 구원문제

상당히 오랫동안 예수를 믿으면서 교회를 다니던 사람이 교리에 회의를 품다가 신앙생활을 포기하고 교회에 발걸음을 끊었다. 그런데 다시 심경변화를 일으켜 회개하고 교회를 찾으면 교회에서는 전과를 묻지 않고 오히려 크게 환영한다.

그러니 본인도 죄책감을 별로 느끼지 않고, 교회의 신우들은 죽었던 영혼이 다시 살게 될 것으로 축하해 준다. 그리고는 탕자의 비유(눅 15:11-23)로 설교하고 "돌아와 돌아와"라는 찬송을 부르면서 그 영혼의 구원을 아무도 의심하지 않는 것이 통례이다.

그러나 탕자의 비유에서는 하나님의 사랑, 즉 아버지의 사랑을 상징적으로 표현한 성경말씀으로써 이러한 하나님 아버지의 사랑으로 미루어 우리들의 죄과를 용서해 주리라는 원칙론의 의미에서 추론할 수는 있겠으나, 「히 6:4-6」과 「히 10:26-29」에서는 명문으로 지적해서 '속죄하는 제사가 없다, 회개하게 할 수 없다'라고 명시하고 있으니 의아한 일이다.

한번 비침을 얻고 하늘의 아사를 맛보고 성령에 참여한 바 되고 하나님의 선한 마음과 내세의 능력을 맛보고 타락한 자들은 새롭게 하여 회개하게 할 수 없나니 이는 자기가 하나님의 아들을 다시 십자가에 못박아 철저히 욕을 보임이라(히 6:4-9).

우리가 진리를 아는 지식을 받은 수 짐짓 죄를 범한 적 다시 속죄하는 제사가 없고 오직 무서운 마음으로 심판을 기다리는 것과 대적하는 자를 소멸할 맹렬한 불만 있으리라. 모세의 법을 폐한 자도 두세 증인으로 인하여 불쌍히 여김을 받지 못하고 죽었거든 하물며 하나님의 아들을 밟고 자기를 거룩하게 한 언약의 피를 부정한 것으로 여기고 은혜의 성령을 욕되게 하는 자의 당연히 받을 형벌이 얼마나 더 중하겠느냐 너희는 생각하라(히 10-26-29).

이렇게 배교자를 관용하는 교회의 일반적인 풍토가 엄격히 교리를 가르치며 진리를 선포하는 교회의 중책이 행정적 영향의 차원으로 해석되는 것이나 아닐까 하는 엉뚱한 오해를 받을까 하는 기우로 의아하게 생각한다.

3) 바로의 책임

「출 7:13, 7:22, 9:35, 10:10」에는 바로의 마음이 강력해 여호와의 명령을 거역했으므로 당연히 징계를 받아 마땅할 것이다. 그러나 「출 9:12, 10:20」 등 성경에서는 여호와께서 바로의 마음이 강팍해 지도록 일부러 만드셨는데, 그 책임을 오히려 바로에게 묻는 것으로 되어 있는 것은 납득이 되지 않는다.

모세와 아론이 이 모든 기사를 바로 앞에서 행했으나 여호와께서 바로의 마음을 강팍하게 했으므로 그가 이스라엘 자손을 그 나라에서 보내지 아니했더라(출 11:10).

그러나 여호와께서 바로의 마음을 강팍하게 하셨으므로 이스라엘 자손을 보내지 아니했더라(출 10:20).

4) 다윗 왕의 회개

범죄행위를 하던 사람이 회개한다는 것은 다시는 그런 행위를 하지 않을 뿐 아니라 마음도 선하게 바꾼다는 의미가 있다. 또 그것이 진정으로 회개하는 자세일 것이다. 그런데 「삼하 11장」 이하의 내용을 보면 다윗 왕이 우리아의 아내 바세바의 미모를 탐해 간음하고, 바세바의 남편인 우리아를 계획적으로 죽음에 이르도록 만든다.

음모를 꾸미고 극악무도한 범죄를 자행한 자로서 표면상으로는 금식하고 통회하며 회개의 눈물을 흘렸다고는 하나, 그의 행동은 이에 따르지 않고 아무 변화없이 탐내던 바세바를 여전히 소유하며 계속 간음하면서 끝까지 동거생활을 했다. 이것이 무슨 회개인가. 근신한 흔적도 찾아볼 수 없을 정도로 자신의 욕심대로 불의한 짓을 저지른 사람이라고 생각한다.

그런데도 여호와 하나님께서는 다윗 왕을 축복하고, 바세바의 몸에서 영특한 솔로몬 왕을 낳게 하시고, 솔로몬 왕에게 영화를 극하게 하셨으니, 지공무사한 공의의 하나님의 섭리를 평신도의 생각으로는 도저히 이해할 수가 없다.

5) 안식일은 토요일이라고 하는데

구약의 안식일은 토요일이 분명하다고 한다. 그러나 현재 지키는 주일은 일요일로 예수가 부활한 일요일임을 감안하여 주님의 날로 거룩하게 지키는 것이라고 한다.

그렇다면 하나님께서 명령하신 십계명 중의 제4 계명인 안식일을 무시한 이유는 무엇일까? 하나님이 명령하신 계명을 교회에서 마음대로 고칠 수도 있다는 말인가? 그리고 또 안식일이 아닌 주일에 "장사하지 마라. 시장에 가서 물건을 사지 마라. 차를 타지 마라"라며 왜 안식일을 지키라고 명령하는 것인지 의아하다.

6) 하나님의 율법인 할례를 고칠 수도 있는 것인가

여호와 하나님께서는 다음과 같이 모든 남자는 할례를 받는 율법을 지키라고 명령하셨다.

하나님이 또 아브라함에게 이르시되, 그런즉 너는 내 언약을 지키고 네 후손도 대대로 지켜라. 너희 중 남자는 다 할례를 받으라. 이것이 나와 너의 후손 사이에 지킬 언약이니라. 너희는 양피를 베어라. 이것이 나와 너희 사이의 언약의 표징이니라. 대대로 남자는 집에서 난 자나 혹 너희 자손이 아니라 이방인들에게 돈으로 산 자라도 난 지 8일만에 할례를 받을 것이라(창 17:9-12).

「출 4:24-26」에는 여호와께서 명령하신 이 할례의 율법을 지키지 않았다는 이유로 길의 숙소에서 여호와가 모세를 죽이려 했다는 사실이 명기되어 있다.

여호와께서 길이 숙소에서 모세를 만나자 그를 죽이려 하시는지라. 십보라가 차돌로 그 아들의 양피를 베어 모세의 발 옆에 던지며 가로되, 당신은 참으로 내게 피 남편이로다 하니, 여호와께서 모세를 놓으시니라. 그 때 십보라가 피 남편이라 함은 할례를 인함이었더라(출 4:24-26).

이렇게 할례는 중요한 율법이다. 지금도 유대교에서는 엄격하게 지킨다고 한다. 심지어 이슬람교의 아랍인들도 지킨다고 하는데 왜 기독교에서는 지키지 않는 것일까?

우리는 사도 바울이 폐지한 것으로 알고 있는데, 일개 사도가 하나님의 명령인 율법을 마음대로 폐지해도 된다는 말인가? 그리고 바울이 폐지했다고 해서 무조건 따라도 되는 것인가?

특히 율법준수에 대해 예수께서 친히 말씀한 율법에 대한 엄중한 경고가 「마 5:17-19」에 제시되어 있는데도 예수의 경고를 무시하고 바울에 동조하는 꼴이 되었으니 본말전도의 망발을 어떻게 변명할 것인가?

내가 율법이나 선지자나 폐지하러 온 줄로 생각하지 마라. 폐하러 온 것이 아니라 완전하게 하려 함이다. 진실로 너희에게 이르노니 천지가 없어지기 전에는 율법의 일점일획이라도 반드시 없어지지 않고 다 이루리라. 그러니 누구든지 이 계명 중에 지극히 작은 것 하나라도 버리거나 또 그렇게 가르치는 자는 천국에서 지극히 작다 일컬음을 받을 것이다. 누구든지 이를 행하여 가르치는 자는 천국에서 크다 일컬음을 받으리라(마 5:17-19).

7장

장로회주의의 변천

개신교 교회 간판 머리에는 대개 무슨 무슨 장로회라는 소속 교파를 표시한다. 장로회란 무엇일까? 이에 대해 구체적으로 잘 아는 신도들은 의외로 많지 않다. 장로회주의란 한마디로 수구적이며 과거지향적인 철저한 정통보수주의에 속하는 교파이다.

장로회주의의 주도적인 고안자 칼뱅은 24세 때 개신교로 개종했다고 한다. 개신교 박해를 피해 출생지인 프랑스 노용에서 스위스로 피난했던 칼뱅은 마음과 양심에 중점을 두어야 하고, 상징과 감각에 대한 호소를 피해야 한다고 가르쳤다.

그는 교회 직분을 4가지, 즉 목사·장로·교사·집사로 규정하고, 교회가 감독이라고 알려진 고위 성직자에 의해 감독받는 제도를 반대하면서 목사와 장로들이 다스려야 한다고 생각했다.

　　프랑스의 위그노, 스코틀랜드의 카버넌트, 네덜란드의 장로교, 잉글랜드의 청교도 등이 모두 감독주의를 반대하는 장로교파이다. 가톨릭적 의식을 회복하기를 원한 영국의 청교도들은 1620년 메이플라워 호(180톤)를 타고 종교의 자유를 위해 신대륙 미국으로 건너갔다.

　　그러나 120명 중 추위와 굶주림으로 매달 10여 명씩 죽어가더니 봄이 왔을 때는 57명만이 살아 남았다고 한다. 더구나 선장이 항해 중 상업적 편의주의에 매수되어 목적지인 신대륙의 남쪽 따뜻한 곳으로 가지 않고, 수천 리 북쪽의 추운 지방에 내려놓아 더 많은 희생자가 생겼다고 한다.

　　이렇게 철저히 신앙을 위해 생명을 걸만큼 모험을 감행한 독실하고 기특한 크리스천들을 하나님께서는 왜 특별한 은총으로 보호하지 않으셨는지, 추위와 굶주림으로 고생한 자연법칙의 당연한 결과로서 많은 희생자를 발생하도록 방치하고 내버려 두셨는지, 하나님이 야속하다는 생각이 드는 것은 비단 우리들만의 심정은 아닐 것으로 생각한다.

　　하지만 이로써 인간의 정황이 가긍하다든지, 간절하고 애절한 인간의 기도에 못이겨 갈팡질팡하는 자연법칙이 아니니 엄정하며 오묘한 자연법칙은 선과 악, 미와 추의 구별없이 햇빛이 비치는 것처럼 소리없이 흘러가고 있을 뿐이라는 우주 자연의 법칙 앞에 다시 한번 경탄하지 않을 수 없다.

　　이런 경우만 보더라도 행여 모든 종교에서 말하는 축복설이나 소원성취 등 개인적인 간절한 기도로 자기만의 이기적 욕구가 충족되리라는 생각은 하지 않는 것이 좋을 것이다. 이러한 터무니없는 개인적인 욕심의 축복설은 현대인이 믿을만한 것이 못된다.

이러한 경로를 통해 전파된 미국 장로교와 미국의 선교사들을 통해 전파된 한국의 장로교 상황을 레펄처A. 로에취의 저서 『세계 장로교회사』를 통해 살펴보도록 한다.

1. 미국편

미국은 1716년에 17명의 목사가 등록했는데 노회는 그 자체를 대회로 바꾸고 그 밑에 4노회를 두었다. 당시 이성주의가 몇몇 사람으로 하여금 기독교 진리를 이해할 수 있다고 주장하게끔 했다. 그 결과 그리스도의 신성에 대해 이전과는 다른 견해가 교회 안에서 제시되기 시작했다.

자구책으로 모든 목사들이 웨스트민스터 신앙고백에 서명했다. 즉 웨스트민스터 신앙고백이 그들의 신조라고 선언할 것을 요구하고, 미국 노회는 교회에 채용되는 모든 목사에게 웨스트민스트 신앙고백에 서명할 것을 요구했다. 유명한 죠나단 디킨슨을 포함한 이들이 이 제도에 강력하게 반대하고 나섰다. 이후 역사에서도 여러 차례 장로교는 보수와 자유주의의 대립을 보였다.

1933년, 비공적이면서도 비중있는 교회신문 중 하나가 성경의 무오류에 대해 도전하는 기사를 연속으로 싣고는 정통적인 여러 교리에 대해 비판의 문을 열기 시작했다. 1882년의 총회는 성경 원전의 무오를 선언하고, 1883년 보릭스 교수를 장로교에서 정직시켰다.

…19세기 후반 많은 칼뱅주의자들이 예정설의 옛 해석에서 돌아섰다. 그리하여 1889년의 총회는 15개의 노회로부터 웨스트민스터 신앙고백의 개정을 요구하는 청원서를 받게 되었으나 거절했다.

1927년의 총회는 노회와의 협조없이 필수교리와 같은 독특한 교리를 선택해 모든 목사를 거기에 구속시킬 수 없다고 선언했다. 그리하여 교회는 소위 근본주의의 강령을 채택하는 것을 거부하게 되었다.

…1967년의 신앙고백. 새로운 신앙고백의 완성 초안을 1965년 총회에 제출했다. 188개의 노회 중에서 125개의 지지가 필요했는데 166개 노회가 찬성했고 19개 노회가 기권해 88%가 찬성한 것이다.

이 위원회는 종교개혁시대의 3개의 신앙고백, 즉 스코틀랜드 신앙고백, 하이델베르크 신앙고백, 제2의 헬베틱 신앙고백을 웨스트민스트 신앙고백과 소요리 문답에 첨가하는 반면 교회의 기존 교리 기준서에서 장황한 대소요리 문답은 빼버렸다. 3개의 16세기의 스코틀랜드와 대륙의 신앙고백은 17세기의 보다 학문적인 웨스트민스트 문서에 첨가시켜 보다 큰 역사적 견해와 폭을 지닌 개혁신앙이 출현했다.

이 위원회에서는 또 다른 중요한 제안이 받아들여졌는데, 전에는 성직 임명시에 목사나 다른 사람들은 "그대는 신·구약성경이 신앙과 행위의 유일 무오한 하나님의 말씀임을 믿는가?"라는 질문을 했다.

그런데 이 질문이 바뀌어 "그대는 신·구약성경이 보편적인 교회 안에서 예수 그리스도에 대한 유일하고 권위있는 증거임과 성령을 통해 하나님이 그대에게 하시는 말씀임을 받아들이는가?"로 바뀌었다. 여기서는 성경의 무오에 대해서는 전혀 언급이 없다.

그런데 이 질문에도 중요한 변화가 생겨 다음과 같이 변했다. "그대는 신앙고백과 대소요리 문답을 성경이 가르치는 조직적 교리를 포함한 것으로 진심으로 받아들이는가?"

조직적 교리를 받아들인다는 말의 의미에 대해 한 세기 이상 논쟁이 계속되어 왔다. 더욱이 최근 이 성경신학은 성경이 신학의 조직 같은 것을 가르치느냐는 의심을 준다.

그리하여 질문은 다시 "그대는 예수 그리스도에게 복종해 성경의 권위와 이 교회의 신앙고백의 계속적인 안내 하에서 복음의 사역자로서 의무를 수행하겠는가?"로 바뀌었다. 이제는 단지 지적인 동의가 아니라 성경의 권위와 신앙고백의 안내에 뿌리를 둔 행동이 강조된 것을 주목할 수 있다.

이상에서 보는 바와 같이 미국의 장로회주의는 초사유와 비논리적인 종래의 입장에서 논리적이며 이성적인 방향으로 후퇴를 거듭해 왔다. 그런데 이것이 미국에서만의 현상이 아니라 인류 역사의 흐름이라는 것이다.

2. 한국편

한국 정부는 1876년 강화도 조약을 체결함으로써 문호를 개방하게 되었고, 선교사들이 속속 들어오게 되었다. 여러 교파들이 계속 입국하자 선교부 사이에 불필요한 마찰이 벌어지게 되었다.

1893년, 장로회 정치를 채용하는 선교공의회를 조직했는데 이것을 일반적으로 선교사공의회라고 부른다. 이 모임에는 미국의 북장로교와 남장로교, 호주의 장로교 등이 가입했고, 여기서 선교구역을 조정했다. 남장로교는 전라도와 충청도, 캐나다 장로교는 함경도, 호주의 장로교는 낙동강 이남 지방, 북장로교는 종전 구역을 계속 담당하기로 했다.

1900년 북장로교에서 평양에 신학교를 설립했는데 이것이 후일의 평양신학교이고, 그 후신이 오늘날의 총회신학교이다. 1907년에는 노회를 조직했는데 전국을 단일 노회로 했기 때문에 독노회라고 불렀다. 1911년까지 독노회로 모이다가 1912년부터 총회로 모이기로 하고 7노회로 개편했다.

1938년 9월, 평양 서문 밖 교회에서 개최한 조선예수교장로회 제27회 총회에서 일본의 강압에 따라 신사참배 결의와 성명서를 발표하기로 가결했다. 경관 97명이 193명의 총대 사이 사이에 끼어앉아 살기등등한 눈으로 회의 진행을 감시했다. 반대 발언자는 즉각 경찰의 폭력으로 제지받아 퇴장당했다.

① 신사참배를 하고 ② 세례를 피하고 미소기바라이(淸爭)로 변

경 ③ 성경의 구약과 계시록을 없애고 ④ 찬송가를 개편하고 ⑤ 4복음서 외에는 먹칠을 하여 지워버리기로 함.

이러한 총회의 불법적 결의에 항거해 각 지방에서 신사참배 반대운동이 일어났고, 순교의 제물이 되거나 5~7년의 옥고를 겪는 수진(守眞) 성도들이 일어나게 되었다.

1945년 7월 19일에는 모든 교파를 합해 일본 기독교 조선교단을 만들었다. 초기 선교사들은 일부를 제외하고는 모두 철저한 보수적인 신앙을 가진 사람들이었다. 이들에게 교육받은 한국인 목사들은 그들의 신앙과 사상을 그대로 계승했다.

그러나 해외유학을 다녀온 한국인 목사들이 늘어나기 시작했다. 이들은 세계의 신학 조류를 소개하고 그들의 영향력을 서서히 나타내기 시작했다. 대표적인 경우가 박형용 목사의 보수주의와 김재준 목사의 자유주의 사상의 대결이다. 이러한 사상 대결은 한국 교회를 양분시키는 계기가 되었고, 1934년과 1935년의 장로교 총회에서 신학적인 분열을 나타내게 되었다.

50여 명의 순교자들이 피흘린 한국 교회는 1945년 해방이 되자 수진 성도들의 재건방안에 대해 일제치하에서 교권을 가지고 일본과 타협하던 일부 지도자들의 강한 반발을 받게 되었다.

1945년 11월, 평양에서 38도선 이북 지방의 노회 대표들이 모여 총회를 대행할 기관으로 이북 5도 연합노회를 조직했다. 그러나 공산당이 집권하자 다시 수난의 길을 걷게 되었다.

해방 후의 장로교 신학교는 고려신학교·조선신학교·장로회신학교로 이 신학교들이 각각 교파를 형성하는 바탕이 되었다. 고려신학교는 청교도적인 개혁주의 신앙을 교육하며 신앙의 순결을 강조했다.

고려신학교를 중심으로 하여 고려파가 형성되었다. 조선신학교는 일제치하에서 유지되어 오던 학교인데 자유주의 신학의 온상이었다. 교수는 자유주의 신학을 대담하게 강의했다. 장로회신학교는 박형용 목사가 고려신학교 교장에 잠시 취임했다가 출옥 성도들과의 견해 차이로 성경하여 설립한 신학교이다.

그러나 이미 조선신학교가 총회 직영 신학교로 인정받았기 때문에 한 총회 안에 두 신학교가 있다가 1950년 4월에 대구에서 모인 제36회 총회에서 단안을 내리려 했으나 총회가 비상 정회되는 비극을 겪었고, 교회는 분열에 휩싸이게 되었다.

1951년에 부산에서 모인 제36회 속회 총회에서 고려신학교를 단절하자 고려신학교측 인사들은 경남법통토회를 조직해 새로운 교단을 형성하게 되었다.

지금까지 한국 교회는 전통적인 보수주의 신학을 유지해 왔으나 여기에 도전해 자유주의를 교육하는 김재준 교수 등이 신학 방법으로 여러 가지 문제를 제기했다. 이것은 1930년대의 평양신학교 시대부터 내려오는 신학적 대립 양상이었는데 해방 후에도 계속되다가 한국전쟁 와중에도 분열하는 불씨가 되었다.

1951년의 제36회 속회 총회는 조선신학교와 장로회신학교의 직영을 모두 취소하고 총회신학교를 설립하기로 했다. 이 결의는 조선신학교의 합법성을 부인하는 것이었다. 신학방법론의 문제로 인한 교파의 분열은 급기야 1953년 서울의 한국신학대학에서 기독교장로회총회를 구성하게 되었다. 1951년의 1차 분열(고려파), 1953년의 2차 분열(기장측)이라는 쓰라린 경험을 거친 뒤 한국 교회는 1959년에 3차 분열이라는 비극을 겪게 되었다.

이것은 오늘날 세칭 합동측과 통합측이라는 이름으로 불리게 되었다. 3차 분열은 주로 에큐메니칼 운동에 대한 견해 차이가 가장 큰 요인이었다(W. C. C 가입에 통합은 찬성, 합동은 반대).

1979년에는 합동측이 교권문제로 분열되었다. 이 4차 분열은 교권을 가진 측과 소외된 측 사이의 감정대립이 주 원인이었으나 평신도들이 무조건 추종하지 않은 것이 특징이다.

신학의 경향을 보면 기장이 자유주의 고신, 합동이 보수적 개혁주의, 통합이 신정통주의적 경향을 보이고 있다. 이러한 신학사상 문제로 논란이 계속되는 것이 현재의 실정이다.

8장

기독교의 천국이라는 것

기독교에서 말하는 천국이란 목사들이 설교에서 말하는 것처럼 처럼 내세의 타계세계일까? 성경의 지적이해가 바로 교리인 바에야 이것을 역으로 연구해 간다면 기독교에서의 천국의 전모가 밝혀지게 될 것이다.

그러나 성경에 묘사되어 있는 기독교에서의 천국에 대한 서술을 통해 그 올바른 개념을 파악해 보려고 시도해 볼 때 그것은 종잡을 수 없이 혼란스럽다는 인상을 받는 것이 고작이다.

같은 대상인 천국에 대한 서술이라면 어디엔가 부분적인 유사성이나 일관성이 있어야 한다. 하다못해 공통분모나 최대공배수 같은 것이 있어야 하는데 거기에서는 그런 것은 쉽게 발견할 수 없고 혼란스러운 것이 사실이다.

목사들의 의도적이며 안일한 설교로 교육받은 대다수의 신도들은 기독교의 천당이란 모든 신도들의 궁극적인 소망으로 사후에 영생복락을 누릴 유일한 장소로 알고 있는데 새삼스럽게 무슨 의문을 제기하느냐고 책망할지도 모른다. 그러나 내세란 상상의 날개를 마음대로 펼쳐본 미화된 현세에 불과한 것인지도 모른다는 이성적인 생각을 해보아야 한다.

예수도 당시 사람들도 기다린 것은 역사의 종말이었다. 예수는 「막 1:5」에서 하나님의 나라가 이 세계 속에 가까이 왔다고 선포한 다음 이 복음을 믿으라고 했고, 「눅 19:10」에서는 잃어버린 양들을 찾아 구원하는 것이 그가 세상에 온 목적이라고 생각해 내세타계를 말하지 않고 지상천국을 설했다.

다만 요한은 환상에서 본 천국을 말했다. 천국의 성곽은 갖가지 보석으로 꾸며져 있고, 기초는 백옥이고, 그 위에는 남보석·옥노·녹보석·홍마노·홍보석·황옥·담황옥·비취옥·청옥·자정 등 이름도 알 수 없는 보석으로 되어 있고, 길은 맑은 유리 같은 정금으로 찬란하게 꾸며져 있다(계 21:18-21), 거기에는 밤이 없고 해나 달의 비침이 쓸데없는데 이는 하나님의 영광이 비치고 어린 양이 그 등이 되는 까닭이라고 한다(계 21:23-25).

여기서 한 가지 유의할 것은 그렇다면 객관적 세계로서의 천국이라는 것이 있다고 가정하더라도 태양계 안에 있는 것으로 생각해도 무방할 듯하다. 이렇게 지상의 어떠한 최대급의 형용사로도 천국의 황홀 찬란한 모습을 묘사해 내기는 불가능한 정도로 인간의 상상을 초월한 것으로 생각할 수도 있겠으나 너무나 추상적인 표현뿐이라 사실감이 전혀 느껴지지 않는다.

그리고 거룩한 성 새 예루살렘이 하나님으로부터 하늘에서 내려오니(하늘에서 내려온다면 지상에 내려앉을 텐데 그렇다면 천국이 지상에도 존재하게 된다는 것일까?), 그 예비한 것이 신부가 남편을 위해 단장한 것 같더라(계 21:1-2)고 하며 묘사하고 있다.

그러나 한편으로 생각해 보면 이렇게 각종 보석으로 성곽을 쌓고, 진주로 성문을 만들고 황금으로 길을 깔았다고 해서 인간이 그렇게 행복해질 수 있을까? 그렇지는 않을 것이다. 하기야 그 모양이 화려 무비할 것임이야 의심할 여지가 없지만 그렇게 되면 희소가치라는 것이 완전히 없어지고 현실세계에 지천으로 있는 돌이나 모래와 다를 것이 무엇이 있겠는가.

또 거기에는 밤이 없다고 하니 실망이 이만저만이 아니다. 낮의 활동과 밤의 휴식이 교차함으로써 인간생활에 다양한 변화를 줄 뿐 아니라 어둠의 장막이 드리워지는 밤이 되면 사랑하는 남녀가 피부를 맞대고 사랑을 속삭이며 심신의 휴식을 통해 다음 낮의 힘찬 활동을 재개하게 되고, 밤과 다과 사계절의 순환 변화 등의 인간생활에서 얼마나 커다란 행복의 조건을 얻는 것인데, 천국에는 밤이 없고 사시장천 쨍쨍한 낮만 계속된다면 무슨 재미가 있겠는가 말이다.

그뿐 아니라 앞에서도 언급한 바 있지만 천국에 대한 우리의 기대에 결정적인 실망을 주고 천국에 대한 흥미를 완전히 잃게 하는 문제는 현세에서의 가족관계가 천국에서는 완전히 깨져 사라진다는 사실이다(마 22:24-30, 눅 20:17-36).

현세에서의 부모 형제라든지, 부부 혹은 애인 관계 등에서 이 세상에서의 미진한 인연을 저 세상에서나마 이어보겠다는 간절한 소망으로 남편을 잃은 젊은 부인이 순사(殉死)한다든지, 애인끼리 정사까지 서슴지 않는 경우를 보게 된다.

그런데 기독교 교리에 의하면 거기에는 시집가고 장가가는 일도 없고, 남자인지 여자인지 개념이 명백하지 않은 천사같이 되어서는 다시는 죽을 수도 없다고 한다. 이렇게 따분한 세상을 죽지도 않고 영원히 살아야 한다니 겁에 질릴 수밖에 없을 것 같다.

아무튼 천국이 어떤 장소임을 시사하는 성경말씀이 또 있기는 하지만(요 14:2-4), 「눅 17:20」에는 바리새인들이 하나님의 나라가 어느 때 임하나이까(지상에 임할 것을 묻고 있다) 묻거늘 예수께서 가라사대 "하나님의 나라는 볼 수 있게 임하는 것이 아니요, 또 여기 있다 저기 있다고도 못하리니 하나님의 나라는 너희 안에 있느니라"라고 하여 하나님의 나라는 내세타계의 객관적 세계가 아니라 각자의 마음에 있다는 것을 명백하게 가르쳤다. 다음에 천국이 언급된 성경말씀을 적어 그 상징적 의미가 무엇인가를 개별적으로 규명해 보기로 한다.

① 하나님의 나라는 먹는 것과 마시는 것이 아니요, 오직 성령 안에서 의와 평강과 희락이다(롬 14:17).

이것은 천국이란 객관적인 실재를 뜻하는 것이 아니라 마음의 의와 평강과 희락이 바로 천국이라는 의미로 해석할 수 있다.

② 하나님의 나라는 말에 있지 않고 오직 능력에 있음이라(고전 4:20).

이것은 하나님의 나라를 실현시키기 위해서는 말과 혀로만 하지 말고 생활현장에서 실천하라는 의미로 해석할 수 있다.

③ 천국은 마치 여자가 가루 서 말 속에 갖다 넣어 전부 부풀게 한 누룩과 같으니라(마 13:33).

이것은 잘 믿는 신도들의 이웃사랑과 봉사가 누룩의 역할을 해서 전 세계에 사랑과 평화가 충만하면서 퍼져나가는 것으로 해석할 수 있다.

④ 천국은 마치 자기 밭에 가져다 심은 겨자씨 한 알과 같다. 이는 모든 씨보다 작지만 자란 후에는 나물보다 커서 나무가 되어 공중의 새들이 와서 그 가지에 깃드느니라(마 13:31-32).

이것은 진실한 신자들의 공로로 이 세계에 하나님 나라가 임할 때 모든 사람이 다같이 구원된다는 의미로 해석할 수 있다.

⑤ 천국은 좋은 씨를 제 밭에 뿌린 사람과 같으니, 사람들이 잘 때 그 원수가 와서 곡식 가운데 가라지를 덧뿌리고 갔는데 싹이 나고 결실할 때 가라지도 보였다. 집주인의 종들이 와서 물었다. 주여 밭에 좋은 씨를 심지 아니했나이까? 주인이 가로되, 원수가 이렇게 했구나. 종들이 말하되, 그러면 우리가 가서 이것을 뽑기를 원하나이까? 주인이 가로되, 두어라 가라지를 뽑다가 곡식까지 뽑을까 염려하노라. 둘다 추수 때까지 함께 자라게 두어라. 추수 때 내가 추수꾼에게 말하기를, 가라지는 먼저 거두어 불사르게 단으로 묶고 곡식은 모아 내 곳간에 넣으라 하리라(마 13:24-30).

이것은 사이비 신자인 가라지(교회는 다니지만 행동은 따르지 않는 가짜 신자)와 진실한 신자에 대한 마지막 처리방법을 비유한 것으로 해석할 수 있다.

⑥ 천국은 마치 밭에 감춘 보화와 같다. 사람이 이를 발견한 후 숨겨두고 기뻐하면서 돌아가 소유를 다 팔아 그 밭을 샀느니라(마 13:44).

이것은 올바른 신자의 소중함과 선교와 전도에 대한 의미를 비유한 것으로 해석할 수 있다.

⑦ 천국은 마치 좋은 진주를 구하는 장사와 같다. 매우 값진 진

주 하나를 만나러 가서 자기의 소유를 다 팔아 그 진주를 샀느니
라(마 13:45-46).

　이것은 좋은 신자를 발굴하고 모아들이는 것을 비유한 것이다.

　⑧ 천국은 마치 바다에 치고 각종 물고기를 모는 그물과 같다.
그물에 가득하매 물가로 끌어내고 앉아서 좋은 것은 그릇에 담고
못된 것은 내어버리느니라(마 13;47-48).

　이것은 많은 신자들을 모으기는 하지만 못된 신자는 가려내 버
린다는 뜻으로 해석할 수 있다.

　⑨ 그 때 천국은 마치 등을 들고 신랑을 맞으러 나간 열처녀와
같다. 그 중에 다섯은 미련하고 다섯은 슬기있는지라. 미련한 자들
은 등을 가지되 기름을 가지지 않고, 슬기있는 자들은 그릇에 기름
을 담아 등과 함께 가져갔더니 신랑이 더디 오므로 다 졸며 자는
사이 밤중에 소리가 나되, 보라, 신랑이로다. 맞으러 나오라 하매
이에 그 처녀들이 다 일어나 등을 준비할 새, 미련한 자들이 슬기
있는 자들에게 이르되, 우리 등불이 꺼져가니 너희 기름을 좀 나눠
달라 하거늘, 슬기있는 자들이 대답하여 가로되, 우리와 너희가 쓰
기에 다 부족할까 하노니 차라리 파는 자들에게 가서 너희 쓸 것
을 사라 하니, 저희가 사러간 사이에 신랑이 오므로 예비했던 자들

은 함께 혼인잔치에 들어가고 문은 닫힌지라, 그 후에 남은 처녀들이 와서 가로되, 진실로 너희에게 이르노니 내가 너희를 알지 못하노라 했느니라. 그런즉 깨어 있으라. 너희는 그 날과 그 시를 알지 못하느니라(마 25:1-13).

이것은 다섯 처녀는 진실한 신자이고, 다섯 처녀는 그렇지 않은 신자에 비유하여 교회 마당이나 밟고 다니는 사이비 신자들의 말로를 경고한 것으로 해석할 수 있다.

⑩ 이 때부터 예수께서 비로소 전파하여 가라사대, 회개하라, 천국이 가까웠느니라(마 4:17).

슈바이처는 다음과 같이 주장했다.

예수는 하나님 나라의 실현이 임박함을 믿었다. 그는 12제자들을 전도 파송할 때 말씀한 것처럼 그들이 돌아오기 전에 세상의 종말이 올 것으로 예상했다(마 16:28). 그런데 예수가 예상한 종말은 오지 않았다. 이 충격적인 사실은 예수의 생애에 결정적인 전환을 가져왔다. 곧 하나님의 나라를 도래하게 하기 위해서는 자신에게 수난의 사명이 위임되었다고 생각해 자신의 죽음이 하나님의 나라를 도래하게 할 것으로 확신하게 되었다.

예수는 학자와 바리새인들과의 논쟁에서 자신을 메시아로 게시하지 않았다. 그런데 유다의 반역으로 예수의 메시아 비밀이 폭로되었다. 그 결과 하나님 나라의 도래에 필요한 메시아로서 십자가의 죽음을 맞게 되었다.

다음은 하늘나라에 대한 여러 학자들의 주장이다.

① 하늘나라는 공간적 의미의 하늘이 아니라 차원적 의미의 하늘이다(정인찬, 목사).
② 하나님을 사랑하고, 하나님의 사랑을 받고, 이웃을 사랑하고, 이웃의 사랑을 받고…. 이것이 바로 천국이다(지학순, 주교).
③ 신국을 현실세계와 분리된 전혀 다른 타계세계라는 보수정통주의자의 입장을 거부한다(아돌프 폰 하르낙, 신학자).

지금까지 살펴본 것처럼 보석과 황금으로 장식하는 등 환상의 날개를 마음대로 펼쳐져 초자연적인 천국을 묘사한 것은 요한의 계시록뿐이다. 공관 복음에서는 신국(神國)의 도래를, 요한복음에서는 영생만을 주장해 천국에 대한 성경의 서술들이 일치하지 않는 이유는 어떻게 설명할 수 있을까?

종교세계에서의 사유방식은 원시사회와 현대사회가 공존하면서도 전혀 괴리를 느끼지 못하니 이상하게도 특별한 무풍지대라는 생각이 든다.

사람들은 자기를 고집하면서 자기를 세계의 그 너머까지 데리고 가고 싶어하는 욕심으로 가득 차 있다. 그러나 인간의 한계인 죽음을 면할 길은 전혀 없다는 절망감에서 고민할 때 '예수를 믿으라. 그리하면 너는 죽어도 죽지 않고 다시 부활해 보석과 황금으로 꾸민 찬란한 천당에서 영원히 죽지 않고 복락을 누릴 것'이라고 한다면 이러한 복음이 이 세상에 어디에 또 있겠는가. 사리를 객관적으로 공정하게 평가하기보다는 자기 우선으로 치우치는 사람들은 다투어 교회문을 두드리기 마련이다.

여기에 목사가 "기독교 신앙이란 의(義)를 위해 핍박받는 생활이요, 타인을 위해 자기를 희생하는 생활이요, 세상에 정의와 사랑과 평화가 가득하게 하려면 자기 십자가를 지고 예수의 뜻을 따르는 생활이요, 하나님 앞에서 성실하게 살고 이웃을 사랑하는 생활이란 사도 바울이 말한대로(고전 15:19) 현세의 의미에서는 오히려 불행하고 힘든 생활인지도 모른다.

그래도 좋으냐? 각오가 되어 있느냐?"라고 엄격한 진리의 다짐을 하기는커녕 기독교 교리의 진수는 뒷전으로 밀어두고 "잘 왔다. 축복 받는다. 기도해서 안 되는 일은 없다. 죽어서 천당가고 다시 부활해서 영원히 산다. 병 낫는다. 부자된다"는 등 달콤한 설교로 영합하는 경우가 얼마나 많은가?

이렇게 하여 신앙의 본질에서 벗어나 세속화되어 가는 교회가 예상 밖으로 많은 것은 아닐까 하는 생각이 든다. 현세에서 축복만을 강조하는 목사는 스데반의 죽음(행 7:59)을 어떻게 설교하는지 궁금하다.

아무튼 우주 자연의 한 구성 분자에 불과한 인간이 우주 자연 자체가 인간의 이기적 욕심이 다 채워지도록 구성되어 있는 것으

로 단정한다는 것은 우주 자연의 오묘한 진리를 모독하는 발상일
뿐이므로, 인간의 편리한 환상에 불과한 내세의 타계세계를 맹신하
는 것은 깊이 생각해 보아야 할 중대한 문제라고 생각한다.

| 9장 |

기독교 부활론의 고찰

　기독교 신앙에서 신비주의적인 경향은 잘못된 방향으로 가기 쉽기 때문에 이를 경고하는 학자들이 많다. 왜냐하면 신비주의적인 신도들은 자신의 감성에만 도취되어 무언가 신비한 마력이 자신을 둘러싸고 있어 무슨 특별한 능력이 부여되는 것으로 착각하면서 어떤 이기적 소원이든 다 성취될 것이라고 믿고 기독교 본래의 교리는 안중에도 없어 상식을 벗어난 언동을 거리낌없이 자행하기 때문이다.

　특히 '기독교는 체험의 종교'라는 말이 널리 유행하면서 이러한 체험을 큰 자랑으로 여기는 경우가 많다. 이들이 말하는 체험이란 갑자기 가슴이 뜨거워지거나, 정신이 아찔해지면서 넘어지거나, 큰 소리를 지르거나, 일시적인 신경발작을 말한다. 또 방언이라고 해서 아무 의미없는 소리를 내는 경우를 말한다.

다섯 마디의 말이 일 만 마디 방언보다 낫다(고 14:19)고 하는 것만 보아도 방언을 했다는 것으로 그 사람의 신앙이 좋아지는 것도 아니고, 일과성 신경적 경험, 그러니까 체험을 했다고 해서 그 후의 신앙에 도움이 되는 경우는 없다. 이에 대해 추인호 목사는 다음과 같이 경고했다.

영과 혼은 구별된다. 영은 하나님의 영으로 힘을 입어 인간으로 영생을 얻게 하는 부분이요, 혼은 인간의 마음(정신)이다. 그러므로 성령은 우리의 영에 온다. 육체와는 무관하고 마음과도 무관하다. 그러므로 몸이 뜨거워진다거나 감각적인 체험으로 성령이 임했다고 생각하는 것은 잘못이다. 육체와는 무관한 것이다.

아무튼 세계의 어느 종교에서도 죽었다 다시 살아난 부활이라는 교리는 듣지 못했는데, 기독교의 부활과 영생의 교리는 확실히 신비한 사건임에 틀림없다. 죽었다 다시 살아난 부활의 의미를 일반적인 상식으로 생각해 보자.

예를 들어 A라는 사람이 부활했다고 하자. 그는 이전에 살았던 A와 얼굴 모양이나 신체적는 물론 기억이나 성격, 사고방식 등 이 똑같은 재판이 아니면 부활이라는 말을 사용할 수 없을 것이다. 그뿐 아니라 시간적으로도 사망과 부활의 시간 차이가 많지 않아야 그 사람임을 의심하지 않을 것이다.

인간의 삶이란 고정불변한 것이 아니라 세월의 흐름에 따라 몰라보게 변하기 때문이다. 고고의 소리를 지르면서 이 세상에 태어났을 때의 그 아이와 10살, 20살… 70세, 80세 때의 그 사람은 몰라볼만큼 변한다는 엄연한 현실을 놓고 어느 시기의 그 사람으로 부활한다는 것인지도 분명하지 않다.

또 어릴 때나 젊어서 죽는 경우도 있지만 대개는 늙어 죽는 경우가 많은데, 죽을 당시의 모습으로 부활한다면 노인들만 득실거리는 살풍경한 고장이 될런지도 알 수 없는 일이다.

또 의아한 것은 천국에서는 모두 천사처럼 된다는 교리와 부활의 교리가 어떻게 조화되는 것인가 하는 점이다. 성령에는 부활할 때는 하늘에 있는 천사들과 같으니라 했는데, 개혁교회의 신조인 웨스트민스터 신앙고백에는 죽은 자들은 모두 전과 같은 몸으로 부활할 것이라고 하니 이런 모순을 어떻게 해명할 것인가?

아무튼 성경에 있는 부활에 대한 말씀은 대개 시사적인 경향이 있으므로 가장 명백하다고 여겨지는 바울의 기록을 음미해 보면서 부활문제를 생각해 보기로 하자.

죽은 자의 부활도 이와 같으리라. 썩을 것으로 심고 썩지 아니할 것으로 다시 살며, 욕된 것으로 심고 영광스러운 것으로 다시 살며, 약한 것으로 심고 강한 것으로 다시 살며, 육의 몸으로 심고 신령한 몸으로 다시 사나니, 육의 몸이 있고 또 신령한 몸이 있느니라(고전 15:42-44).

보라, 내가 너희에게 비밀을 말하겠다. 우리가 다 잠잘 것이 아니요 마지막 나팔에 순식간에 홀연히 다 변하리라. 나팔소리가 나매 죽은 자들이 썩지 않을 것으로 다시 살고 우리도 변하리라. 이 썩을 것이 불가불 썩지 아니할 것을 입겠고, 이 죽을 것이 죽지 아니함을 입으리로다(고전 16:51-53).

바울의 이 문장은 바울과 현대인과의 사이에는 거의 2천 년이라는 긴 세월의 장벽이 가로놓여 있어 일어나는 역사적인 변화를 생각할 때 바울과 우리가 동일한 언어, 동일한 사고를 한다는 것은 어려운 일이라는 것을 인정하더라도 이 문장은 마치 외국어 직역 같은 요령 부득의 생경한 당혹감을 금할 수 없다는 느낌이 드는 것은 어찌할 수 없다.

"썩을 것으로 심고 썩지 아니할 것으로 다시 산다"고 했으나 유기체의 육(肉)의 역할을 해야 할 물질이라면 어느 정도의 제한적인 조건이 따르기 마련인데, 몇천만 년이나 수십억만 년의 기간이 흐르는 동안에는 마침내 바위도 금강석도 부스러지게 마련인 자연법칙으로 미루어 영원불멸의 물질이란 존재할 수 없는 것이 아닐까. 따라서 부활자의 영육이 영원불멸한다는 것도 자연법칙과는 상치된다.

또 영혼과 육체가 완전히 부활했다면 섭취와 배설의 생명현상을 배제할 수는 없을 것이다. 이것은 동시에 시간이라는 사슬의 지배를 받는 변화를 수반하게 될 것이다. 만약에 그러한 생명현상이 일어나지 않는다면 산 자가 아닌 죽은 자요, 한낱 무생물체로 생각할 수 있을 것이다.

인간이 사후에 다시 부활하기 위한 영육의 완전한 부활에 대해 의문시되는 문제가 한두 가지가 아니다. 다음은 부활에 대한 장로교 개혁교회의 신조인 웨스트민스터 신앙고백을 살펴보기로 한다.

① 사람의 육체는 죽은 후 티끌로 돌아가 썩어버린다(창 3:19, 행 13:36).

그러나 그들의 영혼은 죽거나 자는 것이 아니라 죽지 않는 생을 가지며, 죽은 후에는 그것을 주신 하나님께로 돌아간다(눅 23:43, 고전 2:7).

외로운 자의 영혼은 완전히 거룩하게 되어 가장 높은 하늘에 올라간다. 거기서 그들은 빛과 영광 가운데서 하나님의 얼굴을 보며, 그들의 육신이 완전히 구속되기를 기다린다(히12:23, 고후 5:1, 6, 8, 빌 1:23, 행 3:21, 엡 4:10).

사악한 자의 영혼은 지옥에 던져진다. 거기서 그들은 고독과 어두움 가운데서 대심판을 기다린다(눅 16:23-23, 행 1:25, 유 1:7, 벧전 3:19).

성서는 육신이 죽은 후에 영혼이 갈 장소인데 이 두 가지 외에는 아무것도 가르쳐 주지 않는다.

② 마지막 날에 살아 남은 자는 죽지 않고 변할 것이다(살전 4:17, 고전 15:51-52).

모든 죽은 자들은 전과 같은 몸으로 부활할 것이다. 질적으로는 전과 다르나 영혼은 이 육체와 하나가 되어 영원히 계속될 것이다(욥 19:26-27, 고전 15-42-44).

③ 불의한 자들의 육체는 그리스도의 힘으로 굴욕을 당하려고 부활한다. 의로운 자들의 몸은 그리스도의 영으로 말미암아 영광을 얻고자 부활해서 그리스도 자신의 영광스러운 몸과 같게 된다(행 24:15, 요 5:28-29, 고전 15:42, 빌 3:21).

이상과 같은 부활신조를 보아도 사후에 대한 궁금증이 속시원하게 풀리기는커녕 상징과 비유 등의 완곡한 표현 속에서 구름 속을 헤매는 기독교 교리의 고답성에 아쉬움을 느낄 뿐이다. 이에 대해 볼테르는 다음과 같이 말했다.

아이가 모태에서 죽을 때 그것은 바로 그 아이가 영혼을 받는 순간이다. 그 아이는 태아로 부활하는 것일까, 아니면 소년 또는 성인으로 부활하는 것일까. 부활하려면, 즉 다시 같은 사람이 되려면 기억이 생생하고 완전히 현재까지 보존되어 있지 않으면 안 된다. 왜냐하면 사람에게 동일성을 갖게 하는 것은 그 사람의 기억이기 때문이다. 만일 기억을 잃어버리면 어떻게 동일인이라고 할 수 있을까.

어느 분이 말한 바와 같이 "솔직한 의심은 솔직하지 못한 경건보다도 오히려 하나님은 용납하실 것"이라는 지적은 정곡을 찌르는 경고로 받아들여야 할 것 같다. 솔직히 말해서 믿지도 안 믿지도 않는 애매한 상태에서 속으로는 의아해 하고, 그 불합리성에 반발하는 심정까지 느끼면서도 자신의 신앙이 평가절하될 것을 염려해서 목사 앞에서는 맞장구를 치면서 경건을 가장하는 사이비 신자들이 얼마나 많은가.

이러한 범주에 속하는 사람들은 대개 적당주의자가 되어서는 그 언행이 신자인지 비신자인지 구별하기 어려운 정도의 도도히 흐르는 세속화의 물결에 휩싸이게 마련이다. 왜냐하면 마음 깊숙한 곳에서부터 기독교 교리에 대한 공감과 긍정의 함성이 울려퍼지는 별도의 신앙세계가 전개되지 않고는 그 사람의 전 생활 영역을 침투하고 지배할 수 있는 힘이 없기 때문이다.

진실한 신앙생활이란 뼈를 깎는 아픔을 동반하지 않고는 결코 이루어질 수 없다는 것을 증명하는 테스트적 의미에서 김정훈 부제의 수기를 옮겨본다. 김정훈 부제는 하나님 앞에 성실하고자 몸부림치던 사람이었는데 신부서품 직전에 등산사고로 요절했다.

얼마 전까지 당신을 믿지도 안 믿지도 않으면서 관념의 유회를 수없이 거듭해 왔나이다. 하나부터 열까지 만드시고 움직이게 하시고 다스리시고 보존하시는 주여. 저를 타는 눈송이로 계속 있게 하소서.

① 내 인생을 해결해 줄 수 있는 유일한 분.
② 나의 온 실존적 좌절의 극점에서 만날 수 있는 분.

③ 그 분에게서만이 비로소 인생의 의미가 밝혀지고 내 삶을 꽃피울 수 있
  는 분.

④ 그러므로 나의 전부이며 절대적인 분.

×　　×　　×

신앙의 길이란 이렇게 어렵고 고통스러운 것인가. 신부의 길이란 이렇게 하루도 편안한 날이 없는 것일까. 쉽고 무난한 안주는 경멸하지만 이렇게 순간 순간이 어렵고 가련해서야 성삼(聖三)이 내주하지 않으면 신부생활은 하기 어렵다.계속적이고 부단한 성삼과의 대화와 그 열매인 환희가 없이는, 그것이 나를 행복하게 한다는 확신이 없이는 그런 생활은 있을 수 없다. 나는 괴롭기는 해도 고독해질 수는 없다.

×　　×　　×

많이 아팠다고 하는 어제보다 약간 생기가 도는 새하얀 얼굴은 예쁘고 보기 좋았습니다. 이런 묘사는 어떻습니까? 역시 눈가리고 아웅하는 것일까요? 마침 그녀가 좀 나가자고 해서 다방에 갔습니다. 별 얘기는 없었지만 오랜만에 아늑한 시간을 가졌습니다. 예수님, 저를 잘 붙들어 주실 줄 믿습니다.

×　　×　　×

보고 싶다. 그녀와의 사귐, 그리고 그러한 끝, 그것이 무엇이었을까. 알태리베 석양갑에서 돌연히 물밀듯 스며오는 그녀의 체취. 결혼한 남녀. 신부가 되려는 나. 이 경우 새로운 사귐은 옳은 것이 아니라고 본다. 이미 한 대상에게 성실할 것을 결단했기 때문이다. 따라서 새로운 사귐은 악이다.

위의 신조에서 명언하고 있는 바와 같이 "모든 죽은 자들은 전과 같은 몸으로 부활한 것이다"라고 했는데, 인류라는 이름으로 불

리어질 수 있었던 수백만 년 전의 원시인들로부터 의로운 자의 몸이나 불의한 자의 육체가 다같이 부활했다면 수백만 년 동안에 적체된 수효가 얼마나 될 것인가. 앞으로도 수십억 년을 두고 계속될 것이라면 이러한 상상도 불가능한 수효의 부활한 인간들이 대관절 어디에서 머물고 있어야 하는 것일까. 더구나 막대한 수효의 신생아가 매초마다 태어나는 상황에서 이 신생아마다 필수적으로 넣어주어야 할 영혼의 문제는 어떻게 해결되는 것일까.

그에 대한 목사들의 설교가 일치하지 않는 것은 명백한 교리가 제시되어 있지 않기 때문인지도 모른다. 영혼의 기원에 대한 학자들의 주장을 들어본다.

① 선재설(先在說) : 육체가 태어나기 전부터 있었다.
② 유전설(遺傳說) : 하나님이 아담의 영혼을 창조하실 때 모든 개인의 영혼이 아담 안에 포함되었던 것이 부모들의 자연생식을 통해 유전되어 내려오는 것이다.
③ 창조설(創造說) : 육체가 태어날 때 그때 그때 하나님께서 개별적으로 창조하신다.

엄정하게 말할 수 없는 속성을 가진 인간의 이성에게 이상의 부활론이나 영혼창조설 등을 인정해 주거나 동의해 주기를 바란다는 것은 어림도 없는 일이다. 차라리 인간으로서는 잘 모르는 일이라고 불가지(不可知)를 고백한다면 기분좋게 생각할지도 모른다. 다음은 하버우트 스펜스의 철학이론을 음미하면서 참고로 대비해 보기로 한다.

① 무신론자는 세계를 원인도 시작도 없는 그 자신으로 존립한다고 생각하려고 하지만 우리는 시작도 원인도 없는 것을 상상할 수는 없다.
② 궁극적인 종교의 관심은 모두가 불가해인 것이다.
③ 궁극의 과학적 관념도 모두가 마찬가지로 합리적 이해를 초월하고 있다. 물질이란 무엇인가? 물질은 원자로 환원시키거나 원자도 반드시 분할하지 않으면 안 된다고 생각한다. 물질은 무한하게 분할할 수 있는 것이라고는 생각하지 않으며, 물질의 분할성에는 한도가 있다는 딜레마에 빠지게 된다.
④ 공간이나 시간의 가분할성도 마찬가지이고, 양자는 함께 결국은 비합리적 관념인 것이다.
⑤ 종교는 신학의 어떠한 개념 구성도 끄떡도 않는 신앙 때문에 신화를 합리화시키는 것이라는 점을 인정해야 한다.
⑥ 만물의 성장과 소멸과의 정식(定式)은 무엇인가? 그것은 진화와 분해가 아니면 안 된다.
⑦ 악한 일 속에 친절한 혼이 존재할 뿐 아니라 또 일반적으로 오류 속에 진리의 정신이 존재하는 것을 우리는 너무 자주 잊어버린다.

10장

중세 기독교의 전횡

중세 이전의 신학은 신본주의(神本主義) 일변도였고, 철학도 이에 동조하는 경향이었다. 신본주의, 그것은 의심할 수 없는 진리였다. 인간은 하나님의 피조물이며, 인간은 하나님에게 영광을 돌리고 하나님을 찬송하기 위해 모든 에너지를 써야 하는 존재였다.

교회는 영주와 같고 인간들은 교회를 위해 존재해야만 했다. 기독교 교리는 모두 진리 자체여서 이에 불충하거나 위배되었을 때는 무자비한 철추가 가해지기도 했다. 이러한 독재가 오래 계속되는 동안 교황청까지 부패했고, 사람들에게는 큰 위협이 되어 유해한 존재로 전락했다는 것을 역사는 우리에게 알려주었다. 그런데도 우리나라의 정통보수주의 개혁교회에서는 아직도 인본주의를 이단시하면서 철두철미하게 신본주의를 가르치고 있다.

아무튼 기독교 교리만이 진리이고, 기독교 외에는 모두 이단이라는 교육을 받은 신도들의 선입견을 바로잡는 것은 여간 어려운 일이 아니다. 그러나 철학은 인간이나 자연이 무엇인가를 알기 위해 존재하는 것이고, 과학이나 예술 등은 인간의 생활을 풍요롭게 하기 위해 한계를 극복하고 인간의 소망이 다 이루어질 수 있는 유토피아를 상정하여 그 환상적인 내세가 반드시 존재할 것을 굳게 믿기 위해 존재한다고 한다면 모든 것은 인간을 위해 존재해야 한다는 이 당위와 무관하거나 배치되는 것은 다 불필요한 것으로 마른 날의 우산처럼 무용지물이 아닐 수 없다.

그럼에도 중세 기독교는 인간을 위해 존재한 것이 아니라 기독교를 위한 기독교였고, 인간들에게 무서운 존재로 군림한 것이 사실이다. 예를 들면 "지각(地殼)이 지구의 지난 역사를 보여주는 흔적"이라고 주장한 버폰에게 창조의 기독교 교리에 위배되는 사상이라고 하여 파문을 위협했다.

또 될 수 있는 한 자비롭게 그리고 피를 흘리지 않고 죽인다는 덕목으로 브루노를 화형으로 죽였고, 망원경을 제작해 코페르니쿠스의 지동설이 옳다는 사실을 증명한 갈릴레오 갈릴레이를 협박과 고문하면서 학설의 철회를 요구하고 마침내 종교재판에 회부하고는 "지구가 돌다니 기브온 위에 태양을 온종일 머물게 하신 하나님의 역사를 모르느냐" 하면서 노발대발했다는 교황 대리자 등 당시에 엄연한 객관적 진리를 주장한 학자들이 단순히 기독교 교리에 위배된다는 이유만으로 종교재판에 회부되었던 사실을 우리는 역사를 통해 알고 있다.

그것이 지금은 단순하게 가톨릭의 전횡이며 과오였다는 사실을 부인할 수는 없겠지만 당시에는 실로 두려운 진리로 통했을 것이니 도대체 진리란 무엇인지 다시 한번 의문을 제기하지 않을 수 없다. 더구나 문제의 심각성은 오늘날에도 교회 안에서는 여전히 창조설이 진리이고 진화론은 허위라는 신화적 사유를 벗어나지 못하고 있다는 사실이다.

다음은 윌듀란트의 저서 『영원한 사랑의 발자취』 가운데 볼테르 편에서 볼테르가 서술한 박해의 사례를 몇가지 더 들어본다.

볼테르는 "내가 믿는 것처럼 믿으라, 그렇지 않으면 신은 너에게 영겁의 벌을 주시리라. 미신과 무지로 만들어진 광신은 모든 시대의 질병이었다"라고 비난했다.

① 프랑스의 한 지방에 장 칼라스라는 프로테스탄트가 있었는데 딸이 가톨릭으로 개종했다. 추측하건대 아들은 영업에 실패했기 때문이라고 생각하나 목을 매고 죽은 사건이 일어났다.

이 지방에는 자살한 사람은 발가벗겨 얼굴을 밑으로 하여 허들(죄인을 태워 형장에 이동하는 도구)에 태워 온 거리를 끌고다닌 다음 교수대에 매는 법이 있었다.

아버지는 아들이 그런 욕을 보는 것을 피하게 하고자 친척과 친구들에게 자연사라고 증언해 달라고 요청했다. 그러나 소문이 나기 시작했는데 이 아버지는 아들이 가톨릭으로 개종할 것 같아 살해한 것이라고 했다.

② 1765년에 16세 소년이 그리스도의 십자가를 깨트렸다는 죄로 체포되었다. 고문을 받아 죄를 고백했는데 목이 잘리고 동체는 불 속에 던져졌다. 군중은 박수갈채를 보냈다.

③ 철학자 스피노자는 24세인 1656년에 이단혐의를 받고 교회당의 장로들 앞에 불려갔다. 그들은 "네가 친구에게 신은 신체, 물질의 세계를 갖고 있는지도 모른다, 천사는 환상인지도 알 수 없다, 영혼은 단지 생명인지도 알 수 없다, 구약성서에는 영생에 관해 아무 말도 하지 않았다고 했느냐?"라고 물었다.

우리는 그가 어떻게 대답했는지 모른다. 다만 교회와 신앙에 충실할 것을 맹세한다면 그 때 받게 되어 있던 500달러의 연금도 거절하고 헤브라이 종교의식의 음울한 수속으로서 파문을 당하게 되었다는 것이다.

저주의 말이 읽혀지고 있는 동안 이따금 길게 꼬리를 끄는 큰 뿔나팔의 처량한 소리가 울렸다. 식이 시작될 때는 찬란하게 빛나던 등불이 식이 진행되자 하나씩 꺼지더니 마침내 마지막 등도 꺼졌다. 이것은 파문된 자의 생명의 소멸 상징이다.

식문(式文). …고하노라. 바루호 데에 스피노자를 파문하고 저주하며 추방하노라. 그는 낮에도 저주받고, 밤에도 저주받고, 잘 때도 저주를 받고, 일어날 때도 저주받고, 나갈 때도 저주받고, 들어올 때도 저주를 받을지어다. 주의 분노와 증오가 그 위에 임하고, 율법서의 모든 저주가 그를 압박하고, 이로써 그와 말하지 말며, 글로 그와 통하지 말며, 누구든지 그를 돌보지 말며, 그와 함께 한 지붕 밑에 살지 말며, 4에르렌 이내로 접근하지 말며, 그의 손으로 쓴 것이나 남에게 쓰게 한 문서를 읽지 말라(이하 생략).

만일 스피노자가 또 하나의 다른 교회, 즉 기독교회에 들어 갔다면 그는 두드러진 개종자의 역할을 해서 가족과 민족에게 완전히 버림을 받는 생활은 면했을지도 모른다. 그러나 그는 다른 어떤 종교에도 가담하지 않고 고독하게 보냈다. 자식이 헤브라이 학문에 뛰어나기를 기다리던 부친은 자식을 집에서 떠나게 했다. 누이동생은 그를 속여 약간의 재산을 빼앗으려 했다.

어느 날 밤 스피노자가 거리를 걷고 있는데 경신(敬神)을 표방하는 한 흉한이 그 신학의 위력을 살해로 보이고자 단도로 습격했다. 이제 철학자에게 안전한 장소는 없다고 단정하고 암스테르담 교외의 아우테르게르크 가도 모퉁이의 조용한 지붕 밑에 있는 방으로 옮겨가서 살았다. 그가 바루호에서 베네딕투스로 이름을 바꾼 것은 아마도 그 때일 것이다.

그 집 주인은 기독교 교도로 어느 정도까지 이교도를 이해할 수 있었다. 그는 안경알을 닦는 일로 생계를 꾸렸다. 스피노자가 죽은 뒤에 처음으로 「에티카」, 「국가론」, 「무지개」에 관한 논문이 공포되었다.

암스테르담의 부자 상인이 천 달러를 증여하려고 간청했으나 거절했다. 그 후 부리스가 유언장을 작성해 재산을 모두 스피노자에게 유증할 것을 제안해 왔을 때 그를 설득해서 그것을 동생에게 유증하게 했다. 이 상인이 죽을 때 소유자의 수입 중에서 250달러의 연금을 스피노자에게 지불하라고 유언했다는 것이 알려졌다.

또 한 친구인 얀드 빗트라는 네덜란드 공화국의 원수는 국가연금 500달러를 그에게 주었다. 마지막으로 "짐은 국가다"라고 한 루이 14세로부터 스피노자가 다음에 내놓을 저서를 자기에게 헌정하는 조건으로 거액의 연금을 줄 것을 제시했으나 스피노자는 정중하게 사양했다. 그는 자신의 욕구를 보편적인 세계질서와 융합시켜 스스로 분할 할 수 없는 자연의 일부가 되려고 애썼다.

최고의 선은 정신이 자연 전체와 형성하고 있는 통일의 인식이다. 실제로 개인으로서의 독립은 어떤 의미가 있어서는 착각이다. 우리는 법칙과 원인의 모든 흐름 속의 부분이며 신의 부분이다. 우리보다도 위대하고 죽어야 할 우리에 반하여 우리의 신체는 민족이라는 신체 속의 세포이며, 우리의 민족은 인생이라는 드라마 속의 한 삽화이며, 우리의 정신은 어떤 영원한 빛의 번쩍임에 불과하다. 그러한 전체의 부분으로 우리는 불사이다. 인간의 정신이 신체와 함께 모두 파괴된다고 할 수 없다. 거기에는 영원한 어떤 것이 존재한다.

이렇게 교회는 스피노자를 가혹하게 저주하며 파문시켰지만 그는 하나님의 무한한 축복을 한 몸에 받은 것이 틀림없다. 왜냐하면 그는 지금까지도 광대한 정신세계에서 찬란하게 빛나는 여러 별들 가운데 하나로 많은 사람들에게 지대한 감화를 주기 때문이다. 만약에 스피노자가 교회라는 범위 안에서 제한된 교리의 범주를 벗어나지 못하는 철학을 전개했다면 생명력이 없는 메마른 철학이 되었을지도 모른다.

스피노자는 당파를 만들지 않았으나 그 후 그의 사상은 모든 사상에 침투하게 되었다. 레싱(독일의 인문학자)은 "스피노자의 철학 외에는 철학이 없다"라고 했고, 괴테는 스피노자의 윤리학을 읽고 자연이 인간에게 부과한 제안을 받아들였다.

스피노자를 칸트의 인식론에 결부시킴으로써 괴테·셸링·헤겔 범신론에 다다랐고, 스피노자의 자기 유지의 노력에서 피히테의 자아, 쇼펜하우어의 생명의지, 니체의 권력의지, 베르그송의 생명약동이 나왔다.

그가 세상을 떠나고 200년 후 네덜란드의 수도 헤이그에 스피노자의 동상을 세울 때 전 세계에서 기부금을 보내왔다. 에전에는 이렇게 넓은 사랑의 대좌 위에 세운 기념비는 없었다. 1882년 제막식에서 에르네스트 르낭은 "아마도 이 사람이 신의 모습을 가장 분명하게 보았을 것"이라고 말했다.

| 11장 |

기독교에 대한 학자들의 논평

영국의 철학자 프란시스 베이컨의 글에는 많은 사상이 담겨 있다. 한 권의 책을 이룰 내용을 불과 한두 페이지에 담은 것을 비유해, '이처럼 많은 고기가 이렇게 잘 조리되어 이렇게 작은 접시에 담겨진 것은 드문 일'이라면서 감탄했다고 한다. 이와는 성격이 다르지만 기독교를 다방면으로 이해할 수 있도록 여러 학자들의 기독교에 대한 논평이나 학설들 중에서 중요하다고 생각되는 것만 적어본다.

1) R. 볼트만(신학자)

① 신약성서의 우주론은 그 성격으로 보아 본래 신화적이다. 세계를 3층 건물로 보고 있다. 중앙에는 땅, 위층에는 천당, 아래층에

는 지옥이 있는 것으로 본다. 천당은 하느님과 하늘의 존재, 곧 천사들이 사는 곳이다. 지옥, 곧 음부는 고통의 장소이다. 이러한 신화적 세계관은 기독교의 독자적인 것이 아니라 과학이 발달하기 전 시대의 단순한 우주관에 불과한 것이다. 이제는 폐물이 된 고대의 세계관을 재현한다는 것은 불가능한 일이다. 왜냐하면 현대인들의 사고는 좋든 나쁘든 현대과학에 의해 형성되었기 때문이다.

② 신화적 종말론은 그리스도의 재림이 결코 신약성서가 기대한 것처럼 이루어지지 않았다는 이유로 이제는 주장할 수 없는 것이 되었다. 우리가 아는 바와 같이 언젠가는 이 세계에 종말이 온다고 해도 우리가 기대하는 것은 자연붕괴의 형태이지 신약성서가 말하는 신화적 사건은 아니다.

③ 인간은 자신의 감정과 생각과 의욕에 대해 단일적인 책임을 진다. 인간은 신약성서가 말하는 것처럼 자기 외의 어떤 힘의 간섭 밑에 있는 이상한 분열적 존재가 아니다. 만약 그의 외적 행동과 내적 상태가 완전히 조화를 이룬다면 이것은 자신이 무엇인가를 행위한 것이 되지만 자신의 내부적 통일이 마력이나 신적인 힘의 간섭으로 산산이 흩어져 있다면 이것을 정신분열증이라고 한다.

④ 육적인 음식이 어떻게 영적인 힘을 가져올 수 있고, 부당한 성만찬을 받는 것이 어떻게 육체적 질병과 죽음을 가져오는지 이

해할 수 없다.

— 죄라는 것은 개인의 책임을 의미하는 것이므로 유전적 죄라는 사상은 윤리 이하의 비이성적이며 불합리한 것이다.

— 만약 이러한 죽음을 한 그리스도가 선재적인 하나님의 아들이었다면 그에게 죽음이란 무엇을 의미하는가. 만약 그가 3일 후에 다시 부활하리라는 것을 알았다면 그의 죽음은 확실히 의미없는 것이다.

— 그리스도의 선재설과 처녀탄생의 이야기, 또는 이 세상은 하나님이 창조하고 또 섭리하고 있다는 신앙과, 이 세상의 지배자 사탄이라는 별개 존재를 시인하는 것 사이의 모순과 같은 것이다.

⑤ 이 세대는 사탄과 죄와 죽음의 지배 밑에 있으면서 그 종말을 향해 달려가고 있다. 종말은 가까운 미래에 올 것이다. 이것은 마지막 날의 환란으로 시작하는데 하늘에서 심판자가 오고 죽은 자가 일어나며 최후심판이 이루어지므로 사람은 영원한 구원에 이르거나 지옥에 떨어질 것이다.

신약성서는 선교의 주제인 구원사건을 제시할 때 이러한 신화적 세계관을 전제로 한다. 즉 신약성서는 신화론적인 용어로 종말이 현재 와 있다고 선포한다. 때가 되어 하나님께서는 그의 아들을 보내셨다. 그는 선재적인 신적 존재이며 인간으로 세상에 나타난다. 그는 십자가 위에서 죄인의 죽음을 당하며, 그것이 인간의 죄에 대한 속죄를 이룬다. 그의 부활은 우주 파국의 시작이며, 아담의 죄의 결과인 죽음은 이로써 폐지된다. 그리고 마귀의 힘은 박탈된다.

부활한 그리스도는 하늘로 올라가 하나님의 오른쪽에 앉아 주가 되며 왕이 된다. 그는 구원사업을 완수하기 위해 하늘의 구름을 타고, 재림해서 사람들의 부활과 심판이 이루어질 것이다. 그러므로 죄와 고통과 죽음은 결국에는 없어질 것이다. 이 모든 것은 가까운 장래에 이루어질 것이다. 성 바울은 자신이 살아 있는 동안에 이것을 볼 수 있다고 생각했다.

⑥ 이것은 모두 신화론적인 말이다. 각 주제와 기원은 당시 유대적 묵시문학의 신화론과 노스티시즘의 구원신화 안에서 쉽게 찾아볼 수 있다. 이러한 한 케리그마 복음의 내용, 즉 예수 그리스도의 삶과 십자가의 부활을 통해 하나님께서 이루신 인간구원의 행위에 대한 설교는 현대인이 믿을 수 없는 것이 된다.

왜냐하면 이러한 신화적 세계관은 낡은 세대에 속한 옛것으로 알고 있기 때문이다. 따라서 우리가 오늘날 복음을 전할 때, 신자들에게 복음의 메시지와 더불어 그 복음의 배경이 되고 있는 신화적 세계관까지 믿고 받아들일 것을 기대할 것인가 하는 것은 의문되지 않을 수 없다.

만약 기대할 수 없는 것이라면 신약성서는 신화적 배경과는 전혀 관계없는 독립된 진리를 갖고 있는 것일까? 그렇다면 신학은 마땅히 케리그마를 그 신화적 윤곽에서 벗겨내는 것, 즉 비신화화하는 것을 과제로 삼아야 한다.

과연 기독교의 설교가 현대인들에게 이 신화적 세계관을 진실한 것으로 받아들이게 할 수 있을까? 만약 이것을 기대한다면 어리석은 짓이며 불가능한 일이다. 아무도 자기의 결의에 의해 어느 한 세계관을 가질 수 있는 것이 아니기 때문이다.

신약성서의 신화론을 맹목적으로 받아들이는 것은 무리한 일이다. 신앙의 한 조항으로 받아들이기를 강요한다는 것은 기독교 신앙을 한 인간의 조작이라는 수준으로 떨어뜨리는 것이 될 것이다. 이러한 강요는 결국 이상한 형태의 자기분열증과 불성실성의 결과를 자아내는 지성의 희생을 반드시 동반하게 될 것이다.

그것은 곧 우리가 일상생활에서는 마땅히 부정해야 할 세계관을 신앙과 종교생활에서는 받아들여야 한다는 것을 의미한다. 여기 우리가 전승받은 현대사상은 신약성서의 세계관을 비판하게 하는 한 동기를 가져다 주고 있다.

⑦ 신화론적 용어에 의한 케리그마의 형태는 시대적인 것이다. 결코 그 내용과 더불어 영구적인 것이 아니다. 그러므로 현대에 와서도 복음을 말할 때 이러한 신화론적 용어에 의한다는 것이 유일한 방법일 수 없다.

현대는 신화론적 사고의 시대가 아니라 과학적 또는 철학적 사고의 시대이다. 따라서 현대인에게 복음을 전하기 위해서는 현대적인 사고와 용어로 하지 않으면 안 된다. 이것은 곧 신약성서의 재해석을 의미하고 있다. 현대인에게 복음을 전하려면 현대인이 이해할 수 있도록 해야 한다. 왜냐하면 복음의 내용이 신화적 외피에 싸여 있기 때문이다. 만약 그대로 제시한다면 복음의 진리에 접하기도 전에 실족할 것이다.

어떻게 하면 성서의 메시지를 현대인이 가슴깊이 느끼도록 해석할 수 있을까? 사실 현대인이 복음을 거부하는 것이 아니라 복음의 형식이 그들을 소외시키기 때문에 들을 수가 없다고 한다.

2) 아널드 토인비(역사 철학자) —『한 역사가의 종교관』에서

기독교는 실재를 전능하며 만물을 사랑하는 하나님으로 본다. 기독교의 이 신관(神觀)은 이스라엘에서 물려받은 유산이다. 이스라엘의 신은 야베였다. 이스라엘이 북아라비아 스텝지대에서 뛰쳐나와 애굽의 신제국 팔레스티나로 들어가려고 할 무렵, 유목민의 한 지역 공동사회의 지역 신으로 야베가 나타나기 이전에는 자연력의 하나를 구현하는 신이었던 듯했다.

아마도 모세 5경에 기록되어 있는 시나이 산에서 이스라엘족과 계약을 맺는 장면에서 야베가 나타나는 광경이나 소리 등 전래적 설명에서 판단해 볼 때 화산신이나 천후신이었던 듯하다.

자신을 한 종족에 일치시키며 자기의 선민을 이끌고, 이스라엘족속이 취할 것도 아니요 야베 자신이 수여하는 것도 아닌 땅의 주인에게 침략전을 감행해서 그 토지를 징발하여 그 주민을 진멸하는 신이라 생각할 때 절대 접근해 갈 수 있는 촉망되는 매개자로서의 신인 것으로 생각되지는 않는다.

그러나 기원전 8세기에서 기원전 6세기까지 이어진 동란의 시대에 앗시리아인과 바벨론의 손에 걸려 이스라엘과 유대 두 나라에 가해진 고난이 예언자들에게 영감을 불어넣어 지역 공동체의 전쟁신인 야베의 망령을 넘어 또 하나의 야베 즉 아크나로 왕과 이리스토니크스 왕, 아우텔리아누스 황제들이 숭배했던 태양신과 많은 공통점을 지니고 있는 야베신을 만나보도록 고취했다.

아튼신과 같은 야베신은 힘과 정의와 자비의 신이었다. 한쌍의 팔레스티나의 공동체인 이스라엘과 유대의 좁은 경계선 안에 갇힐 수 없는 분이고 전능하시며 무소부재하시며 편벽됨이 없는 분이었다. 예언자의 투철한 눈에서 인간의 영혼과 절대의 실재 사이의 장벽은 이렇게 해서 베일에서 렌즈로 바뀌었으나, 이 예언자의 눈도 정의와 자비이신 전능한 하나님은 또한 사랑이시며 연민이시라는 보다 진전된 통찰에 의해 더 승화될 필요가 있었다.

예언자 중 최대의 예언자는 수난의 종 안에서 구현하는 사랑과 긍휼을 보고 있지만 기독교가 인간의 모습을 타고 난 수난의 종을 엄숙한 야베의 모습으로 현현되어 오던 숭고한 하나님과 일치시킬 그것은 유대교도에게 있어 하나의 거친 돌(고전 1:23)이 되었다.

제2 이사야의 눈에는 고난받는 구세주는 어떤 구절에서는 집단적 이스라엘로 나타나기는 하고, 또 다른 구절에서는 이스라엘의 개인적 지도자나 예언자로 나타나는 고난받는 인간으로 나타난다.

유대교의 이 개념이 기독교에서 발전할 때 고뇌하는 구세주는 인간이 아니라 하나님 자신이 되는데, 이 하나님은 창조물인 인간을 구원하기 위해 인간 생명의 본질적 고난을 격되 극단의 고난의 경험에까지 자진해 자신을 복종시키는 대가를 치르면서 인간의 육신을 입고 인간으로 나타나 하나님 자신을 비우시는 하나님이시다.

3) 버트런드 러셀(철학자) — 자서전에서

① 철학을 하면 시야가 넓어지는 까닭에 세상이 내 편과 원수의 편, 도움이 되는 편과 해를 주는 편, 선과 악, 이렇게 두 진영으로 갈리지 않고 우주 전체가 공평하게 내려다 보인다. 무릇 지식을 얻는다는 것은 자아를 넓히는 길이요, 우주는 무한히 크므로 우주를 명상하는 자아 역시 무한히 커질 수 있다.

② 우주에는 어떤 통일된 계획이나 목적이 있는가. 그렇지 않으면 그저 원자가 우연히 모인 데 지나지 않는가. 의식이 영구히 존속하고 인간의 지혜가 무한히 성장할 가망이 있는 것인가. 그렇지 않으면 궁극에는 사람이 살 수 없게 되는 조그만 한 개의 유성 위에서 잠시 일어난 우연지사에 불과한 것인가. 선악은 우주에게 중요한가, 아니면 인간에게만 중요한가. 철학은 이런 문제를 다룬다.

③ 인간은 자연의 일부에 지나지 않기 때문에 인간의 사상은 뇌수 안의 현상에 의해, 즉 자연법칙에 의해 규정된다. 지식의 유일한 원천인 자연과학은 신이나 영혼의 불멸성 등의 신앙을 위한 어떠한 지주(支柱)도 제공하지 않는다. 뿐만 아니라 영혼불멸설은 전혀

불합리하다.

왜냐하면 영혼이 불멸한다면 영혼은 온 공간을 충만하지 않으면 안 되기 때문이다. 종교는 공포심에 그 근거를 두기 때문에 종교는 하나의 화근이다. 어쨌든 종교는 근대에 미풍양속의 적으로 아직 성숙하지 못한 인간의 특징을 나타내는 것이다.

④ 우리의 기억과 습관은 뇌수 조직에 매여 있고, 이는 강물이 강바닥에 연결되어 있는 것과 같다. 강물이 언제나 바뀌면서도 늘 같은 방향으로 흐르는 것은 먼저 내린 여러 차례의 비가 물길을 터놓았기 때문이다.

마찬가지로 있는 사건이 뇌수에 길을 터놓아 우리의 생각이 이 길을 따라 흐르는 것이다. 이것이 기억과 정신적 습관을 만들어 주는 것이다. 그러니 하나의 조직으로서의 뇌수는 죽음으로써 해체되고, 따라서 기억 또한 해체되는 것으로 생각할 수 있다.

지진이 일어나 계곡이 있던 곳에 산이 생기면 강물이 먼저 가던 길을 흘러갈 수 없듯이 뇌수작용도 이와 달리 생각할 도리가 없다. …우리의 기억은 뇌수에 상처가 생김으로써 소멸되고, 미덕을 가진 사람이 수면성 뇌염으로 악한 사람이 되며, 영리한 아이가 요드의 부족으로 바보가 될 수 있음을 다 알고 있다.

이와 비근한 사람들을 볼 때 죽음으로 뇌조직이 완전히 파괴된 다음에도 정신이 계속될 수 있다는 것은 도저히 불가능할 것으로 보인다. 내세에 대한 믿음을 갖게 하는 것은 이성적인 이론이 아니라 감정이다. 이러한 감정 중에도 가장 중요한 것은 죽음에 대한 공포이다. 이것은 본능이며 생리적으로 보아 의로운 것이다.

⑤ 우리가 기독교를 지키지 않으면 모두 다 악한 사람이 된다는 것이다. 내가 보기에는 기독교를 지켜온 사람들이 대개 매우 악했다. 이 이상한 사실, 즉 어느 시기에 종교가 강하면 강할수록 독단적인 신앙이 깊으면 깊을수록 그 잔인성은 더했고 더 나빴다. 이른바 신앙의 시대에 있어서는 사람들이 철저히 기독교를 믿었는데도 종교재판의 고문은 극에 달했다. 불행한 여성이 수없이 마녀로 몰려 화형에 처해지고, 종교라는 이름으로 모든 사람에게 잔인성이 가해졌다.

…인간 감정의 작은 발전도, 헌법상의 모든 개정도, 전쟁을 적게 하는 모든 방안도, 유색인종의 대우 개선을 위한 모든 대책도, 노예제도의 완화나 이 세상의 모든 도덕적 진보도, 세계의 조직된 교회에 의해 철저히 반대되어 왔음을 발견하게 될 것이다. …기독교는 다른 종교보다도 박해를 쉽게 가하는 것으로 특색이 되어 왔다.

불교는 결코 박해를 가한 적이 없는 종교이다. 칼리프 제국은 기독교 국가들이 유대교 민족이나 이슬람교 민족에게 대하던 것보다는 훨씬 친절하게 유대교 민족과 기독교 민족을 대했다. 이 제국은 유대교 민족과 기독교 민족이 공물만 바치면 괴롭히지 않았다. 반 셈족주의는 로마제국이 기독교화하던 순간부터 기독교에 의해 촉진되었다. 십자군의 신앙적 열정은 유대인 학살로 나타났다.

⑥ 고통의 비명이 내 가슴에 메아리쳤다. 기아에 허덕이는 어린 아이들, 박해자들에게 고통을 받은 희생자들, 자식들의 미움을 받으면서 짐이 되는 의지할 데 없는 노인들, 그리고 외로운 세상 가난과 고통이 인간생활이 지향해야 하는 이상을 비웃고 있다.

4) 볼테르 — 윌트란트의『영원한 사상의 발자취』에서

① 이탈리아는 르네상스를, 도이치는 종교개혁을, 프랑스는 볼테르를 가졌다고 자랑할 정도로 프랑스의 국보적인 학자로 유명하다. 추방과 투옥을 당하고, 저술한 책은 거의 모두 교회나 국가의 추종자에 의해 발행금지를 당하는 등 탄압을 받았음에도, 마침내 왕, 법왕, 그리고 황제까지도 그에게 아첨하고 세계의 절반은 그가 말하는 한 마디 한 마디에 귀를 기울였다. 비록 철학이 몽테뉴의 "나는 무엇을 아는가"라는 완전한 회의로 끝난다 해도 철학은 역시 인간의 가장 크고 고귀한 모험이다.

② 볼테르는 "비행을 타도하라"라고 하면서 교회의 누습을 공격했다. 기적과 기도의 초자연적 효과는 단연 부정한다. 나는 태양의 빛처럼 만물을 지배하는 법칙을 영원히 결정한 일반적인 섭리를 믿지만 어떤 특수한 섭리가 당신의 참새를 위해 세계의 경과를 변하게 한다고는 생각하지 않는다.

볼테르는 자유의지를 부정한다. 영혼에 관해서는 불가지론자이다. 우리가 수백 명씩 태워 죽인 유대인이 4천 년 동안 신의 선민이었다는 것을 어떻게 설명해야 할까. 나이 많은 그는 불사를 믿고 싶었으나 그것을 믿기에는 여러 가지 문제가 있었다.

③ 아무도 불사의 영원이 있다고 생각하는 사람은 없다. 그런데 왜 코끼리나 원숭이나 내 시종에게는 영혼이 있다고 생각하는가.

④ 어째서 인간은 자기들만이 영적인 불사의 원리를 받는다고 자부하는 것일까. 만일 공작이 말할 수 있다면 공작은 자기의 영혼을 자랑하면서 내 영혼은 이 장려한 꼬리에 머물러 있다고 단언할 것이다.

⑤ 말년에 그는 생각을 바꾸었다. 유신론자란 만물을 형성하고… 모든 죄악을 벌하는데 잔혹하지 않고, 모든 덕행이 인자로서 상을 주는 능력이 있고, 친절한 지고의 존재자의 존재를 굳게 믿는 사람이다. 유신론자는 이 확신에 의해 전 세계의 사람들과 일치하는 것이며 서로 반목하지 않는다.

⑥ 종교란 난해한 형이상학이 세우는 견해도 아니고, 무익한 구경거리도 아닌 신의 숭배와 정의이다. 선을 행하는 것이 그의 예배이며, 신에게 복종하는 것이 그 신조이다. 마호메트교는 메카의 순례를, 성직자는 노트르담의 참배여행을 하지 않으면 저주를 받으리라고 하지만 그는 일소에 부친다.

⑦ 이제 그는 병이 들어 한 사재가 참회를 시키려고 왔다.

"사제님, 누구에게서 왔소?" 하고 볼테르가 물었다.

"신에게서입니다."

"아, 그래요? 그럼 당신의 신임자는?"하고 말했다.

사제는 아무것도 얻지 못하고 떠나버렸다. 그 후 볼테르는 참회를 하려고 다시 한 사람의 사제 고띄에를 청했다. 볼테르는 그것을 따르지 않고 다음과 같은 성명서를 써서 비서인 바거너에게 주었다. "나는 신을 숭배하고, 벗을 사랑하고, 원수를 미워하지 않고, 미신을 미워하며 죽어간다."

⑧ 1778년 그의 사후, 파리에서는 기독교식 매장을 거부당했으나 친구들은 그를 마차 안에 앉히고 살아 있는 것처럼 보이게 해서 시외로 나갔다. 그들은 규칙은 천재를 위해 만든 것이 아니라는 것을 이해하는 사제를 찾았고, 볼테르의 유해는 성지에 매장되었다.

⑨ 1791년에 승리한 혁명군의 국민의회는 루이 16세를 강요해서 볼테르의 유해를 빤떼용으로 옮기게 했다. 이 위대한 불꽃의 재는 10만 명의 남녀 시민에게 호위되어 파리의 거리를 통과했는데, 60만 명이 가도 양쪽을 메웠다. "그는 인류의 정신에 위대한 자극을 주었고, 우리를 위해 자유를 준비했다"라는 글이 씌어 있었다.

⑩ 볼테르는 관제 종교의 근원이 무지와 열광과 기만에 있다고

생각하고, 교회사를 일관하여 박해와 약탈과 모살과 비인도적인 행위가 계속된 부정의 역사로 간주했다. 교황이 두 발 가진 금수로까지 매도, 이신론자로서 신은 최초의 추진자나 입법자라고 생각했다.

5) 존 로빈슨(목사) —『신에게 솔직히』에서

감독이라는 직책은 그 교회의 교리를 수호하는 일이다. 그러나 우리가 지금 기독교의 진리를 올바르게 변호하기 위해서 무엇을 해야 할지 알기 어렵다. 우리의 신앙을 구성하는 전통적인 정통적 초자연주의와 오늘날의 일반 세상이 말하는 것과의 거리가 점점 멀어지고 있기 때문이다.

기독교인과 인본주의 사이의 방송토론을 볼 때 나는 무의식 중에 인본주의자의 편에 서게 된다. 이것은 내 믿음이나 신앙생활을 조금이라도 의심하기 때문이 아니라 신앙을 전달하는 그 특정한 종교 사상의 구조나 틀을 받아들일 수 없다고 하는 점에서 나는 본능적으로 그와 동의하게 되기 때문이다.

정통이라는 것이 그런 것과 같은 것으로 취급되는데 대해 나는 점점 더 석연치 않은 느낌을 가졌다. 교회 안에서 하나님 앞에서 솔직하고자 하는 사색과 지적 민감성을 광적으로 억압하는 것이 신앙을 수호하는 방법이라고 느끼는 사람들도 그 밑바닥에는 불안이 도사리고 있다는 사실을 부인할 수 없을 것이다. 전통적인 정통주의 수호자들이 복음의 참된 변호를 거의 불가능하게 만든 불미스러운 일의 실례를 백 년 전의 교계에서도 많이 찾아볼 수 있다.

내가 여기서 하는 말이 과격하게 들릴 수도 있고, 이단으로 보일 수도 있을 것이다. 그러나 확신하는 것은 오랜 시간이 흐른 후에는 오히려 뜨뜻미지근하다는 비난을 받을 것이라는 사실이다.

6) 피에를 데이야르 드 샤르뎅(신부) — 『인간의 미래』에서

지구의 평판성·부동성·중심성이라는 착각을 극복하고 그 때까지 완성되고 안정된 것으로 생각했던 세계관이 16세기 이후 갈릴레오의 출현으로 천동설이 지동설로 수정되면서 질서의 우주가 아니라 생성의 우주로, 정적인 세계관에서 동적인 세계관으로, 또한 다윈 시대가 되면서 인간 그것도 생성 발전하는 것으로 간주하게 되었다.

플라톤은 아마 부정확하고 좁은 우주관을 가지고 있었을 것이다. 이것은 우리의 사상뿐 아니라 신앙까지도 개조할 필요를 강요당하고 있다. 자연은 바야흐로 생성되고 창조된다. 고고학과 우주과학이 증언하는 과학적 진리가 기독교의 종교적 진리와 모순되지 않을 뿐 아니라 과학적 진리가 기독교적 진리를 조명해 준다.

7) 루두비히 포이에르 바하(철학자) — 『기독교의 본질』에서

① 감정적이기만 한 사람에게는 상상이 곧 최고의 행위가 된다. 그래서 상상은 신의 행위요, 창조적인 행위이다. 그에게는 감정이 그대로 진실이며 현실이다. 그는 자기 감정에서 벗어날 수가 없다. 이와 마찬가지로 그의 상상도 감정과 똑같이 현실적이다.

② 기독교의 교리도 마찬가지이다. 예를 들면 내세란 상상 속에서 미화되고 이상화된 것에 불과하다. 인간의 소원이나 이기심이나 궁핍이 없는 곳에서 신은 태어나지 않으며, 종교는 인간이 갖는 유형에 따라 변한다.

내가 말하고자 하는 기본 목적은 ㉮ 신의 친구들을 인간의 친구로 ㉯ 믿는 자들을 생각하는 자들로 ㉰ 예배하는 자들을 일하는 자들로 ㉱ 다른 세상의 지원자들을 이 세상의 학도로 ㉲ 자기 자신을 고백하는 반동물이며 반천사인 크리스천들을 완전한 인간으로 개변시키고자 하는 것이다.

③ 나는 하나의 실재한 관능적이며 물질적인 존재이다. 정말 나의 육체가 곧 나의 자아이고 나의 존재 자체이다. 신앙은 자연법칙이나 이성과는 모순을 일으키고 있다. 신앙은 인간의 가장 개인적인 소원을 만족시켜 주기 때문에 인간을 행복하게 한다. 신이 다른 존재라는 사고는 착각이며 상상일 뿐이다. 신이 너를 위한다는 선포는 신이 너 자신이라는 선포이다. 신은 깊은 심중에 숨어 있는 말할 수 없는 탄식이다.

8) 프리드리히 슐라이에르마하(목사) — 『종교론』에서

① 종교를 시대에 뒤떨어진 따분한 형이상학이나 도덕을 보완하는 단편에 불과하다고 생각하는 지식계급을 계몽하며, 종교가 그들의 생활을 감사하는 현실이며 그들의 목적하는 인간성의 이상으로

향하는 불가결의 통로임을 알도록 해야 한다.

② 종교의 본질은 사유도 아니고 행위도 아니며 우주의 직관과 감정이다. 우주의 직관이란 생성하는 모든 유한자 내지는 개체 속 우주, 즉 무한자를 보는 것이다. 직관은 감정을 동반한다. 우주의 직관에 동반하는 구체적인 예로는 외경(畏敬) 등이 있다.

③ 신관념이 종교에서 본질적인 것은 아니다. 불사(不死)는 무한한 것 가운데서 무한자와 하나가 되어 무한자 곳에 몰입하는 것이야말로 종교에서 말하는 불사인 것이다.

④ 신이 없는 곳에 종교가 없다는 신앙은 전혀 성립될 수 없는 것이다. 신은 한낱 종교적 직관의 방법에 지나지 않으며, 그밖의 방법은 그것이 다른 직관 방법에서 독립되어 있는 것과 마찬가지로 신으로부터 독립되어 있다.

9) 폴 반 뷰렌(신학자 · 목사) — 한신대 박봉락 교수의 해설

미국 성공회의 목사이며 신학자인 반 뷰렌은 스위스 바젤 대학교에서 신학박사 학위를 받고 목회생활을 거쳐 탬플 대학의 교수로 있다. 그는 미국에서 알타이저 해밀톤과 같이 하나님 없이 기독교를 다시 형성하려고 한 '신의 죽음의 신학'의 세 주도자 가운데 하나로 간주된다.

반 뷰렌은 신의 죽음을 말하지 않고 신이란 말의 죽음을 말한다. 그는 신이란 말이 말하는 그 주장된 실재가 의미있는가를 의심한다. 우리는 신이란 말없이 신학적으로 생각하고 말하고 하지 않으면 모든 신학의 말은 오늘 지성의 교환시장에서 현금가치가 없기 때문이다. 초자연적인 것의 언어(종교적 언어)가 죽은 오늘날의 성숙한 시대에서 신앙의 언어는 현대인에게 의미가 없다고 말한다.

반 뷰렌은 칼 발트의 삼위일체적 신학과 케리그마의 내용을 강조하는 은총신학을 받아들인 바르트 학자로 출발했다. 그러나 그 후 비트겐쉬타인의 언어분석 책을 읽은 뒤 내용을 어떻게 말할 것인가에 관심을 갖기 시작해 바르트의 신학적 교회적 언어를 세속적으로 명백하게 해명할 필요를 느꼈다. 이것이 그의 새로운 신학의 출발이며, 신학적 전향의 선언으로 발전한 것이다.

10) 아돌프 폰 하르낙(신학자)— 한신대 김경재 교수의 해설

베를린 대학에서 '기독교의 본질'이라는 제목으로 행한 16번의 강의 내용을 출간했는데 라이프찌히 역은 이 책을 운송하는 화물차로 붐볐다. 독일어로 14판을 출간했고, 14개국어로 번역되었다.

① 복음서 가운데 예수가 가르친 복음과 예수에 관한 복음을 날카롭게 구분했다.

② 기독교의 다양한 역사적인 신조나 제도나 심지어 성경 뒤에

숨어 있는 영원히 타당한 알맹이를 끄집어 내려고 시도했다.

③ 늘 변하는 형태 뒤에는 참으로 고전적이며 언제나 타당하고 아주 단순한 그 무엇이 있다. 그것은 교의신학 진술 속에서도 발견할 수 없고, 교회의 제도 안에서도 발견할 수 없고, 사도 바울의 진술 속에서도 발견할 수 없다. 결국 우리는 그것을 기독교의 창시자인 예수 그리스도에게서 발견할 수 있고, 그 분의 모습을 공관 복음에서 발견할 수 있다고 했다.

④ 이적에 대한 기사와 귀신에 대한 기사 종말에 대한 이야기는 복음을 전하기 위한 틀에 불과하다고 했다. 솔직히 말해 이적이 일어나는 것이 아니고, 귀신이 있는 것이 아니며, 세상의 끝이 가까운 것도 아니다.

⑤ 그의 말씀은 평화와 기쁨과 확신을 자아냈다. 그는 하나님의 임재를 항상 의식하면서 살았고, 자기의 양식을 하나님의 뜻을 이루는 것으로 살았다.

⑥ 예수가 복음의 본질을 설명한 또 하나의 방법은 하나님을 모든 인류의 아버지로 선언하고, 아버지로서 그가 그의 자녀들을 한없이 귀하게 여긴다고 강조한 것이다. 하나님과 그의 섭리와 하나님의 자녀로서의 인간의 지위와 영혼의 무한한 가치의 개념들 속

에 복음의 전부가 포함되어 있다.

⑦ 그런데 하나님의 나라 안에서의 윤리는 ㉮ 외부적 종교의식이나 선행과 관계있는 것은 아니다. ㉯ 그것은 사람의 내적 성향과 동기에서 우러나오는 보다 높은 의인 사랑과 겸손이다. 이것이 예수가 가르친 복음적인 삶이었다.

⑧ 삶의 의미를 부여하는 것은 종교이다. 즉 하나님과 이웃에 대한 사랑이다. 어디서 와서 어디로 가며, 무슨 목적으로라는 질문에 대해 지식은 오늘이나 2~3천 년 전이나 아무 대답을 주지 못한다.

12) 폴 틸리히(신학자 · 교수) ― 한신대 김경배 교수의 해설

그의 사상이 체계적으로 집대성된 것은 3권으로 된 『조직신학』이다. 신은 존재 자체이고 존재의 능력이며 모든 존재자의 지반이다. 신은 하나의 최고 존재자가 아니다. 존재하는 것들은 모두 존재의 범주에 포함된다. 시간 · 공간 · 인과율 · 실체 등의 범주는 곧 존재자의 집이다.

그러나 신은 존재자들 중의 어느 최고 존재자가 아니다. 틸리히의 신론은 기독교 천 년사의 유신론과 무신론의 논쟁을 넘어서는 신이다. 신은 진리 자체이며, 그보다 존재 자체이다. 신은 논증되거나 반증되는 대상이 아니고, 논증과 반증의 논리적 투쟁을 가능하게 하는 인식의 지반이며 존재의 지반이다. 모든 존재자들의 깊이에서 또는 초월에서 유한자는 신을 접촉하고 있다.

결국 틸리히의 신론은 전통적인 초자연주의적 신관과 자연주의적 신관의 대립을 동시에 비판하면서 자기 초월의 실재론을 말함으로써 신을 잃어버린 현대인에게 자기 존재의 깊이에서 존재 자체이신 하나님을 체험하도록 가르쳤다.

12장

자유주의 신학
― 윌리엄 호던의 『현대신학의 동향』에서

자유주의 신학은 지식인 사회에서 급속하게 퍼져나갔다. 하르낙의 저서인 『기독교란 무엇인가』는 기록적인 베스트셀러가 되었다. 이 책에서는 쉴라이에르 마헤르나 리츨, 또는 그 외의 신학자들을 통해서 성숙된 이념이 이해 가능한 방법으로 일반인들에게 강력하게 소개되었다.

자유주의 신학에서는 논쟁으로 등장했던 진화론 가설을 포함한 과학을 즐겨 받아들였다. 자유주의는 어떠한 불유쾌한 것이든지 모든 사실을 있는 그대로 똑바로 보며 사소한 논의의 결과가 어떻게 되든 구애받지 않는다는 것을 확신을 가지고 말했다. 그들은 불변의 진리를 잃어버리는 일 없이 그리스도교의 전통적 카테고리를 변화시킬 수 있다고 확신하고 있었다.

그들의 신앙을 고의적이고 권위주의적 방벽의 그늘에 감추는 것을 거절하면서 현대 풍조의 신맛에 젖도록 노출시켰다. 그들이 배울 신학이 아니라 예수의 종교를 슬로건으로 채용한 것은 참된 종교를 신학 속에 휩쓸리지 않게 하도록 보호해야 한다는 점을 뜻하는 것이었다.

근본주의자들은 현대과학과 싸우고 공립 학교에서 진화론을 가르치는 것을 공격하는 데 자기들의 사명이 있다고 생각하는 것처럼 보였다. 21세기의 크리스천 대부분이 별로 중요하게 생각하지도 않는 천년왕국의 시간표와 같은 문제들로 그들 자신의 내부에서 분열하고 교파를 분열시켰다.

미국의 개신교가 자유주의와 근본주의 신학의 논쟁으로 산산조각이 나는 동안 신학은 유럽에서 새롭게 싹트기 시작했다. 그것은 1919년에 칼 바르트가 『로마서 주석』을 출판함으로써 시작된 새로운 경향의 신학이라고 할 수 있다. 근본주의자와 자유주의자의 논쟁은 해결되었다기보다는 초월되었다. 여러 가지 형태의 신정통주의자가 관심의 영역으로 이동해 왔다.

그리고 신정통주의는 하나님이 인간에게 교리를 계시하시거나 말씀을 받아 쓰게 하시지 않았다고 주장했다. 하나님은 그 자신이나 자신의 본성과 목적을 역사 속에서 행동하시는 그의 능력있는 행동을 통해 계시하신다. 하나님의 말씀은 성서의 말씀과 동일시될 수 없다. 하나님은 성서의 기자들에게 자신을 알리셨다. 그리고 우리에게 알리실 것이다. 그들은 근본주의자들을 네안데르탈인의 지혜 정도를 가지고 있을 뿐이라고 확신한다.

그런데 신보수주의자들의 특징은 과거의 진리나 가치를 보존하려고 노력하는 것이다. 이들은 개혁하는 것이 선한 것이라고 생각하는 한 개혁을 거부하는 태도를 취하지는 않는다. 현대의 근본주의운동과 신보수주의자들과의 구별은 근본주의자들이 신보수주의자들에 대해 몇 가지 격렬한 공격을 제기했다는 사실로도 명백하게 알 수 있다.

신의 죽음의 신학자들은 변형론자를 대표한다. 우리가 만일 하나님 없이 그리스도교 신앙을 제시할 수 있다면 그것은 두말 할 나위도 없이 신앙의 메시지를 근본적으로 변형시킨 것이라고 보아야 할 것이다. 토마스 알타이저는 이 점을 분명히 말했다. 현대 신학자들은 역사적 교회의 신조와 신앙고백의 관점에 비추어 볼 때 어떤 의미로든 하나님의 크리스천이 아니라는 사실을 알고 있다고 그는 우리에게 말한다.

신의 죽음의 신학에 있어서는 일종의 변화가 온 세상을 뒤덮어 이제는 더 하나님을 믿을 수 없다. 윌리엄 하밀톤은 "이것은 소수의 노이로제 환자들이 경험한 사실도 아니고 개인적 또는 내적인 경험도 아니다. 신의 죽음은 우리가 말하는 우리의 역사 현실 안에서 발생한 하나의 공적인 사건"이라고 말했고, 반 뷰렌은 "현대의 세속 인간은 하나님에 대한 언어를 이해할 수 없다"라고 했다.

신의 죽음의 신학자들은 현대인이 인간 예수에게는 그래도 충실할 수 있다고 믿는다. 물론 현대인들이 받아들일 수 있는 예수는 하나님의 독특한 아들도 아니요, 부활의 주님도 아니다. 그는 다만 다른 사람들을 위한 사람이었다는 사실만을 제외하고는 우리와 똑같은 사람이었다는 그런 예수이다. 그와 같은 예수는 자기의 동료들을 이끌 수 있는 능력이 있었다.

크리스천으로서 우리는 우리를 도우러 오신다는 하나님을 대망하고 있지 않다. 다만 우리는 예수가 있어야만 할 장소에 그가 있게 되기를 바랄 뿐이다.

만일 어떤 비평가가 "그따위 신학은 하나의 윤리학에 불과하다"라고 한다면 이에 대해 반 뷰렌은 "이런 세속시대에서 그 이상 무엇을 더 기대하는가"라고 말한다. 그는 연금술은 화학으로 변했고, 점성학은 천문학으로 변했다고 말한다. 이와 마찬가지로 신학이 윤리학으로 변할 시대가 되었다고 믿는 것이다.

형이상학적인 속박에서 자유를 얻는 신학에 관심을 둘 것은 인간과 역사적 또는 실증적인 것 외에 또 무엇이 있을 수 있단 말인가? 아무튼 신의 죽음의 신학이 참된 핵심은 현 세계와 그 세계가 뜻하는 모든 것을 받아들이도록 축구하는 일이다.

하밀톤은 이러한 현 세계를 받아들이는 태도를 루터가 수도원에서 세상으로 나오는 운동과 같은 것이라고 묘사한다. 자유주의 개신교도들은 천천히 그러나 확실하게 자유주의 개신교도들이 늘어나는 것을 알고 있다. 그들은 종교가 이성과 감정의 양면을 합한 전체적인 인간을 위하는 것이어야 한다는 것을 믿는다.

13장

기독교 종말론

쇼펜하우어는 단테의 『신곡』을 다음과 같이 논평했다.

단테는 어디서 지옥의 표본과 이미지를 얻었을까? 그가 그린 지옥은 정말 그럴듯하다. 그러나 천국의 즐거움을 묘사하려고 했을 때 난관에 봉착하고 말았다. 우리의 세계는 그곳과 닮은 데가 하나도 없기 때문이다. 인간은 지옥에 대해 온갖 죄책과 우환이 득실거리는 고장이라고 말해 왔으나 천국에 대해서는 권태 외에는 아무것도 말할 수 없었다.

그러나 단테는 천국을 1천(天)인 월천(月天)에서부터 10천(天)인 지고천(至高天)까지 10가지로 다양하게 그렸다. 지옥은 1권(圈)에서 9권(圈)까지 나누고, 그 안에 여러 가지 형태로 세분해서 낭

(囊)이나 원(圓) 등 수십 가지로 분류해 실로 복잡하기 이를데 없이 꾸몄다. 비현실적인 세계, 형이상학적인 세계를 상상 속에서 그리기 위해서는 단순한 것보다 복잡하고 신비로운 베일이 효과적일지 모르나 관념의 유희가 너무 심하다는 느낌이 든다.

이러한 맥락으로 해석할 성질이 아닌지도 모르나 기독교의 종말론 또한 복잡하고 이상해서 갈피를 잡기 어려운 것이 사실이다. 어떤 노처녀는 "두 사람이 밭에 있으매 하나는 데려감을 당하고 하나는 버려둠을 당할 것이요, 두 여자가 매를 갈고 있으매 하나는 데려감을 당하고 하나는 버려둠을 당할 것(마 24:40-41)"이라는 교회 내에서 심심찮게 들리는 휴거설을 광신한 나머지 오늘 밤에라도 휴거될지도 모른다는 생각에 시집도 안 가고 있다고 하니 할말이 없다.

다음은 신학박사이자 목사인 김호석의 저서 『종말론』을 통해 인류의 종말이 될지도 모르는 기독교 종말이 어떻게 전개되는지 더 들어 보기로 하자.

1) 예수의 공중재림

예수가 죽은 자들의 영혼을 대동하고 공중에 재림하고 죽었던 자들의 육체가 먼저 부활하여 그들의 영혼과 연합하게 되며 살아 있던 성도들과 함께 공중으로(구름 속으로) 끌어올려 그리스도를 영접하게 된다. 그리고 그 후에는 그와 함께 항상 같이 있으리라는 것이다(살전 4:13-17).

휴거된 교회는 그 즉시 비마석 심판에 나가게 된다. 비마석 심판은 처벌하기 위한 심판이 아니다. 비마석 심판의 기준은 성도들이 이 세상에 있을 때 어떻게 봉사했느냐는 것이다(고전 3:10-15).

일반 성도 중에는 하나님의 영광을 위해서 그리스도를 위한 증인으로 허식없는 신앙생활을 하는 사람이 있다. 이같은 성경적인 신앙노선을 걸어온 사람들은 비마석 심판 때 신앙과 봉사가 금은이나 보석과 같아 상을 받게 된다. 비마석 심판을 통해 주어질 상급은 면류관이다. 면류관 다섯은 1급, 그 다음은 2급, 3급 등, 하나를 받은 성도는 5급 성도가 되고, 한 개도 받지 못한 사람들은 무급 성도가 된다.

2) 7년 대환란

7년 대환란이란 다니엘서의 예언에 나타난 개념인데 성경에서 여러 가지로 부른다. 대표적인 것으로는 「노하심의 때(살전 1:10, 5:9)」, 「심판하실 기간(계 14:7,15:4)」, 「시험의 때(3:10)」, 「야곱의 환란의 때(렘 30:7, 습 1:14-15)」, 「멸망의 날(욜 1:15, 살전 5:3)」, 「황폐해지는 날(단 9:27)」 등이 있다.

7년 대환란의 목적은 2가지이다. 첫째는 불신하는 사람들을 심판하는 것이다. 이 때의 광경을 에레미야 선지자는 「렘 25:32-28」에 서술했다. 이렇게 온 세상이 하나님의 진노 아래 들어가 갖가지 재앙과 혼란기를 초래할 것을 마태는 「마 24:6-8」에서 지적했다. 7년 대환란은 앞의 3년 반과 뒤의 3년 반으로 구분하는 것이 통례이다.

3) 14만 4천 명

　여호와의 증인들은 이 14만 4천 명이란 특별히 선택함을 받은 성도들이라고 생각하고, 참된 성도는 이 14만 4천에 들어와야 한다고 주장한다. 또 다른 종말론자들은 이 14만 4천이라는 숫자는 특별히 신앙이 좋은 사람으로, 이마에 어린 양의 이름과 그 아버지의 이름을 새긴 사람들과 7년 대환란 중 특별히 은혜를 받아 보호를 받을 사람들로 본다.

　14만 4천 명이 이 지상에 문제로 대두되는 것은 그리스도의 교회는 이미 공중에 들어올려져 갔고 지상에 7년 대환란이 시작된 후 짐승이 나타나 자신의 우상을 예루살렘 성전에 세운 뒤에 대두되는 것에 관심을 기울일 필요가 있다. 다시 말하면 14만 4천명이라는 수의 사람들은 교회와는 전혀 상관없는 유대인 중에 선택받아 구원될 사람들이다.

　따라서 요한은 「계 7:2-4」에서 "내가 인 맞은 자의 수를 들으니 이스라엘 자손의 각 지파 중에서 인 맞은 자들이 14만 4천이니" 라고 했다. 이렇게 요한이 이스라엘 각 지파 중에 14만 4천이라고 분명히 밝힌 것을 놓고 그리스도인이라거나 혹은 그리스도인 중에 경건한 사람이라거나 또는 특수한 교파에 속한 사람이라고 하는 것은 잘못된 해석이다.

4) 아마겟돈 전쟁

　아마겟돈 전쟁은 지구의 운명을 포함해 인류의 종결을 고할 비극 중의 비극이라고 어렴풋이 생각하는 것이 통례이다. 그러나 이 같은 상상을 떠나 과연 아마겟돈은 성경 종말론상 어떤 위치에 있는가 하는 문제이다. 아마겟돈이란 구약성경에 '므깃도'로 불리는 지역을 가리키는 이름인데, 현재 이스라엘의 북부 갈릴리 바다의 서쪽에 위치한 지역을 말한다.

발락이 가나안 군사를 맞아 대패했던 곳이 바로 이 곳이고, 기드온의 수백 군사가 미디안 군대를 무찔러 참패하여 죽음을 당하는 비극을 맺었던 것도 이 곳이고, 애굽의 바로네고와 앗수리아의 아쓸우비릿과 협공하여 바벨론에 도전하기 위해서 북하는 바로네고를 저지했다. 유다의 요시아 왕이 죽음을 당한 곳도 이 곳이었다.

이같은 역사적인 사건들로 인해 유대인들을 위시해서 그 일대에 살던 사람들 사이에는 아마겟돈은 거의 사적인 의미를 가진 지명으로, 최후의 결전장으로 많은 사람들이 도륙을 당해 시체가 첩첩이 쌓인 죽음의 전쟁터로 알려지게 되었다. 서방 연합군이 이스라엘로 진격해와 자체 내에 분쟁으로 자멸한 북방 연맹군의 사체를 정리하고 군사를 주둔시킬 곳도 아마겟돈인 것 같고, 세계 통치권을 차지하려고 서방의 연합군과 동방의 연합군이 최후의 결전을 벌이고자 집결한 곳도 이 곳으로 되어 있다.

5) 그리스도의 지상재림

아마겟돈 비극과 그리스도의 지상재림은 연달아 일어날 일들이다. 아마겟돈에 집결했던 이 세상의 군사력이 완전난 도륙을 당하게 되었을 때 그리스도는 지구에 다시 발을 딛게 될 것이다.

그리스도의 재림을 말할 때 분명히 알아야 할 사실은 7년 대환란 전에 이루어질 재림은 공중재림이고, 7년 대환란 후에 이루어질 재림은 지상재림이다. 그리스도가 지상에 오셔서 천년왕국의 통치자로 다윗의 왕위를 차지하고 통치권을 확립한다.

이렇게 지상에 재림할 때는 그리스도는 신부(그리스도인)를 영접할 신랑으로 오는 것이 아니라 만국을 통치하는 왕으로 오는 것이다. 그리스도와 성도 사이에 취급하는 것은 상징적인 서술법이라는 점에 착안할 필요가 있다.

물론 그리스도는 남자인 것이 분명하나 모든 그리스도인은 여자가 아니며, 부활되었거나 영화롭게 변한 육체들은 성기능이나 육체적인 욕망이 정화되어 완전히 변한 상태의 영체들이다. 혼인이나 부부관계로 설명하고 있음은 영적인 유기체로서 하나의 생명체를 이룬 머리와 같은 위치에 있는 그리스도와, 그의 몸과 같은 위치에 있는 성도들이 결합되어 완성 단계에 이르는 상황을 인간 관계에서 가장 밀접하게 하나의 단위로 취급되는 부부의 결합으로 비유하는 것이다.

이스라엘을 심판해 불신자들을 제거한 왕 중의 왕은 불신자들이 섞여 있는 살아 남은 이방인들을 심판할 것이다. 이에 대해 마태의 예언은 「마 25:31-46」에 기록되어 있다. 이 심판에서 그리스도는 모든 민족을 양이라고 불리는 구원받을 사람들과 염소라고 불리는 구원받지 못할 사람들로 구분할 것이다.

6) 천년왕국

성경에 나타난 천년왕국의 개념은 쉽게 설명할 수 없른 개념으로 생각하는 것이 통례이다. 특히 알렉산드리아에서 발생한 비유적인 해석법이 대두되면서 구약에 예약된 천년왕국을 비유적으로 기독교회 또는 낙원의 상태를 설명하는 것이라는 견해가 나오는 반면 영적 해석법을 채택한 사람들을 천년왕국을 기독교회라고 설명하는 한편 문자적인 이 지구상에 건설된 천년왕국이란 있을 수 없다고 무천년설을 주장했다.

천년왕국이라는 개념은 신약에 나타난 개념이다. 구약성경에는 메시아의 왕국은 영원한 것으로 표현했다. 다음과 같은 「계 20:1-6」의 성구에는 그리스도의 왕국이 천 년 동안 계속될 것을 6번이나 거듭 강조했다.

또 내가 보니 천사가 내려와 무저갱 열쇠와 큰 쇠사슬을 그 손에 가지고 하늘에서 내려와 용을 잡으니 곧 옛뱀이요 마귀요 사탄이라. 잡아 천 년 동안 결박해 무저갱에 던져 잠그고 그 위에 인봉하여 천 년이 되도록 다시는 만국을 미혼하지 못하게 했다가 그 후에는 반드시 잠깐 놓이리라.

또 내가 보좌들을 보니 거기 앉은 자들이 있어 심판하는 권세를 받았더라. 또 내가 보니 예수의 증거와 하나님의 말씀으로 인하여 목 베임을 받은 자의 영혼들과 또 짐승과 그의 우상에게 경배하지도 않고 이마에 손에 그의 표를 받지도 않은 자들이 살아 그리스도로 더불어 천 년 동안 왕노릇을 하니(나머지 죽은 자들은 그 천 년이 차기까지 살지 못하리라), 이는 첫 부활이라. 이

첫 부활에 참여하는 자들은 복이 있고 거룩하도다. 둘째, 사망이 그들을 다스리는 권세가 없고 오히려 그들이 하나님과 그리스도의 제사장이 되어 천 년 동안 그리스도로 더불어 왕노릇을 하리라.

천년왕국 기간에 출생한 세대는 역시 개인적인 신앙을 통해 구원을 받게 될 것이다. 자연인을 본인의 선택없이 억지로 중생시킬 수는 없을 것이다. 이렇게 중생하지 못한 인구의 증대는 천년왕국의 질서유지에 심각한 문제로 대두될 것이다.

이 때는 왕이신 메시아나 신앙을 강요하지 않고 각자의 자발적인 선택으로 중생하도록 기회를 주실 것이다. 그럼에도 불신하는 자연인들은 최종적으로 하나님의 나라에서 제거해야 할 필요가 생길 것이다.

이와 같은 필요에 의해 천년왕국의 마지막 기간에 그리스도가 사탄과 악령들을 그들의 결박에서 풀어놓을 것이다. 이렇게 사탄과 그의 악령들을 무저갱에서 풀어놓는 것은 곧 천년왕국의 마지막 때를 고하는 것이 된다(계 20:8-10).

유황 불못은 스올이라고 불렸는데 흔히 지옥이라고 부르는 곳과는 완전히 다른 곳이다. 성경에서 말하는 스올 혹은 헤이디스는 『누가복음』 16장에 의하면 적어도 층계(삼층)의 세계였던 것 같다. 아브라함의 품이라고 쉬는 곳이었고, 이 낙원에서 내려다 볼 수 있고, 또 대화가 가능한 지옥이 있던 구원받지 못한 사람들이 고통을 당하는 곳이었다.

뿐만 아니라 아브라함이 부자 한 사람에게 한 대답에 의하면 낙원과 지옥 사이에 큰 구렁이 끼어 있어 낙원에서 지옥으로 갈 수도 없고, 지옥에서 낙원으로 올라갈 수도 없는 사실을 볼 수 있다. 요한 계시록에 무저갱이라고 불린 곳, 즉 사탄과 악령들이 천 년 동안 갇혔던 곳이 바로 이 곳이었던 것 같다.

7) 백보좌 심판

천년왕국을 결말지을 뿐만 아니라 지구의 최후를 장식할 사건이 백보좌 심판이다. 이에 대해 요한은 다음과 같이 말했다.

또 내가 크고 한 보좌에 그 위에 앉으신 자를 보니, 죽은 자들이 무론대소하고 그 보좌 앞에 섰는데, 책들이 펴 있고 또 다른 책이 펴 있으니 곧 생명책이라. 죽은 자들이 자기 행위를 따라 책들에 기록된대로 심판을 받으니 바다가 그 가운데서 죽은 자들을 내어주매, 각 사람이 자기의 행위대로 심판을 받고 사망과 음부도 불못에 던지니, 이것은 둘째 사망 곧 불못이라 누구든지 생명책에 기록되지 못한 자는 불못에 던지리라(계 20:11-13).

이 심판의 첫 대상자는 역사 이래 지금까지 구원받지 못한 모든 사람들이다. 구약시대에 구원받은 성도들은 7년 대환란 후에 부활해서 천년왕국의 축복을 받게 될 것이고, 교회시대에 믿고 중생한 교회는 7년 대환란 전에 부활한다는 사실을 이미 지적했다. 중생하지 못했거나 구원받지 못한 이들은 모두 이 백보좌 심판 때 부활해 심판을 받게 된다.

물에 빠져 죽은 사람이든, 화장되어 이 지구를 형성하고 있는 기체나 고체 등의 일부로 존재하든, 아담 이후에 태어난 모든 구원받지 못한 인간들은 이 때 부활해서 자기의 행위대로 심판을 받게 된다. 백보좌는 심판으로 현존하는 우주가 없어진 후에 새 하늘과 새 땅을 하나님께서 창조하신다.

요한도 이 사실을 "또 내가 새 하늘과 새 땅을 보니, 처음 하늘과 땅이 없어졌고 바다도 다시 있지 않더라(계21:1)"라고 지적했다. 한편 김호석 목사는 다음과 같이 말했다.

과거의 사건은 역사에서 일어났던 사건인 까닭에 그 기록을 통해서나 결과를 추적해서 이론화·체계화 할 수 있다. 그러나 미래의 일이란 인간들의 체험 밖에 있는 것이 사실이고, 발생하지도 않은 미래의 일에 대한 기록도 있을 수 없는 노릇이다.

따라서 종말론은 지나간 과거에도 그랬고 지금도 황당무계한 공염불처럼 생각하는 것이 통례이다. 그럼에도 이같은 종말론적인 이론을 만들어 미래에 대한 호기심으로 눈이 어두워진 사람들을 유혹하면서 그릇된 길로 인도한 이단 사교가 매우 많다.

이제 곧 그리스도께서 재림하실 것이니 이 때 미리 특별한 준비를 통해 오시는 메시아를 맞을 준비를 하고 있는 사람들은 오시는 왕에게 칭찬과 상급을 받을 것이라고 유혹해서 자신에게 충성함은 물론 가산도 모두 바치게 하는 종교계의 지도자가 많았다. 따라서 성경 종말론은 지나간 2천여 년에 걸친 기독교사에서 종교계의 지도자들이 가장 이용하기에 좋은 몽둥이요 채찍이었던 것이 사실이다.

　종말론이 옳은 신학의 한 분야로 학문적으로 다루게 하려면 이상에서 지적한 바와 같이 어떤 종교계의 지도자들이나 교파의 권익을 조장하기 위해 취급되어서는 안 된다. 어디까지나 확고한 이론적 근거에 의해 증거되고 시사되어야 한다.

14장

맺음말

이상과 같은 기독교 종말론은 아득한 운무 속에서 현실감각을 잃은 몽유상태로 되는 것을 느끼게 한다. 무엇 때문에 그렇게 복잡한 꿈 같은 절차들이 필요한 것일까? 이렇게 복잡한 기독교 종말론에 비해 미숙한 분위기까지 풍길 정도로 담박한 느낌을 주는 이슬람교의 낙원 모습을 알아보고 대비해 본다.

…신앙심이 돈독해서 오른쪽에 있게 된 자들은 낙원으로 들어간다. 경건한 자는 안전한 곳에 있다. 즉 낙원과 샘물 사이에 명주나 비단을 두르고 서로 마주앉는다. 비단 침대 위에 마주보고 기댄다. 영원한 삶을 가진 소녀들이 그의 주위를 돌며 술잔과 주전자와 샘에서 새로 뜬 가득 찬 잔을 올린다. 두통도 취하는 일도 없다. 그들은 기호에 따라 과일을 고르고, 짐승이나 새의 고기도 원하는 대로 얻을 수 있다. 눈이 크고 살갖이 흰 처녀도 있다. 우리는 그녀

들을 순결한 처녀로 만들어 놓았다. 비슷한 나이 또래로 해놓았다.

이것들은 오직 쌓는 자들이라면 우리 알라는 그들을 그 밑에 내가 흐르는 낙원에 넣어주리라. …거기에는 청순한 아내도 있다. 그 자는 낙원에 들어가면 아름다운 그녀의 마중을 받고 그가 땅 위에서 단식한 날짜 수와 쌓은 선행의 수만큼 그녀와의 성교를 허락받는다.

이상으로 인간이 아무리 자유분방한 공상의 날개를 펼쳐 최고의 진선미를 다한 환상적인 세계를 그려본다고 해도 인간의 인식 세계를 초월한 기상천외의 세계를 그려낼 수 없다는 사실을 말해 주는 것이 아닐까 생각한다.

장폴 사르트르는 "세계에 존재하고 있지 않은 어떠한 환상이라도 그것의 소재는 이 지상에 있는 형태를 머릿속에서 변형되어 나온 환상이기 때문에 그 환상의 뿌리는 현실의 실체, 즉 어떤 대상에 뿌리박고 있다"라고 말했다.

그러므로 인간의 인식이나 사유로써 보지도 못한 천국을 묘사한다는 것은 불가능한 일이라는 평범한 진리에 유의해야 할 것 같다. 앞에서도 인간의 사유방식이 역사적으로 변천해 왔다는 반피우겐 교수의 학설을 소개한 바 있거니와 사도 바울은 신화형식시대의 사람이라 그의 사유형식은 신화적일 수밖에 없었던 것 같다.

그러므로 그는 내세를 100% 확신한 나머지 「고전 15:16」에서 "만일 그리스도 안에서 우리가 바라는 것이 다만 금생뿐이면 모든 사람 가운데 우리가 더욱 불쌍한 자이다"라고 단언했다.

또 바울은 예수를 신으로 믿었지만 예수를 인간으로 믿었다는 지적을 받은 톨스토이도 "하나님은 존재하느냐는 질문은 나는 존재하느냐 하는 질문과 마찬가지이다"라고 하여 형이상학적인 형식을 채택했다.

그러나 현대에 와서는 니체가 "신은 죽었다"라고 했고, 본회퍼 목사는 종교없는 기독교를 주장했고, 폴 반 뷰렌 목사는 알 타이저, 하밀톤과 함께 하나님 없이 기독교를 재형성하려고 한 "신의 죽음의 신학"을 수립해야 한다고 주장했다.

폴 반 뷰렌은 신의 죽음을 말하지 않고 신이란 말의 죽음을 말한다. 우리는 신이란 말없이 신학적으로 생각하고 말하려고 하지 않으면 안 된다고 말했다. 그는 초자연적인 것의 언어(종교적 언어)가 죽은 오늘의 성숙한 시대에서 신앙의 언어는 현대인에게 의미가 없다고 말했다.

당신이 보이지 않고 만질 수 없고 영원히 붙잡을 수 없는 정원사는 어떻게 세상의 정원사 또는 사실 정원사가 아닌 것과 다른가. 가설은 이와 같이 논의의 여지없이 죽었다. 이것은 신자의 언어의 무의미성에 대한 회의주의자의 절망이다.

이제는 결론을 내려야 때라는 느낌이 들지만 윌리엄 제임스의 명언을 거울삼아 감히 만용을 부릴 생각은 없다. 미국 하버드 대학 교수인 윌리엄 제임스는 『신앙의 의지』와 『종교적 경험의 제상(諸

相)』등 많은 저서를 남긴 철학자이다. 그가 죽었을 때 그의 책상 위에는 한 장의 종이가 놓여 있었는데 거기에는 그의 마지막이자 가장 특징적인 문장이 씌어 있었다고 한다.

결론이라는 것은 없다. 우리는 그것에 관하여 결론을 내릴 수 있다는 결론은 도대체 무엇이란 말인가. 이야기할 수 있을 만큼의 예언도 없고 줄 만큼의 조언도 없다.

평생을 두고 우주 자연이나 인간 존재의 신비를 사색했을 것이요, 존재와 무, 시간과 공간, 우주와 인생, 죽음과 종교 등등 인간의 궁극적 회의와 진리에 관심을 갖고 탐구했을 것으로 추측되는 철학자가 마지막 남긴 말에서 의미심장한 충격을 받는 느낌이다.

그렇다. 세계 인생에 무슨 결론이라는 것이 있겠는가. 그러나 세계 인생에 종교가 필요하고 철학이 필요한 것만은 의심의 여지가 없는 것으로 생각한다. 왜냐하면 종교는 세계 인생에 대한 일종의 정화장치이기 때문이다.

모든 고등종교의 기본교리는 대개 비슷하다고 보는데, 모든 인간들이 원죄로 생각할 수 있는 이기적이요 자기 중심적인 본성을 억제하고 이타(利他)와 인인애(隣人愛)를 실천하고, 서로 사랑하며 양보하고 화해한다면 정의와 평화가 충만한 이상적인 세계가 건설될 것은 의심의 여지가 없을 것이다. 그러나 종교라는 정화장치가 구조적인 결함으로 올바른 구실을 다하지 못해 대부분의 오수가 그대로 흐르는 것과 같은 상황이니 백년하청격(百年河淸格)이 될 수밖에 없는 것이라고 생각한다.

한편 철학은 인생의 지도에 비유할 수 있는데, 그 지도라는 것이 안타깝게도 맹인들이 그린 지도이므로 정확할 수 없는 것을 어찌할 도리가 없는 일이겠지만 그러나 그들 여러 지도를 여러 겹으로 겹쳐 투시해 보면 무엇인가 윤곽 같은 것을 상상할 수 있는 것이 아닐까 하고 부질없는 생각을 해본다.

이웃에 교회가 있어 새벽기도가 시작되는 동태를 감지할 수 있다. 이들이 혹한이 몰아치는 겨울 새벽이나 세차게 쏟아지는 가을비를 가리지 않고, '마음을 다하고 목숨을 다하고 힘을 다하여'를 다짐하면서 일 년 내내 한번도 빠지는 일이 없도록 안간힘을 다하여 피나는 노력을 계속하고 있는 까닭은 두말 할 필요없이 복을 기원하여 축복을 받기 위해서인 것이다. 대다수가 무지한 부녀자층인 이들은 온갖 이기적인 욕심을 나열하며 오랜 시간 기도하며 간구하지만 기도로 자신의 욕심이 이루어질 수는 없다.

목사가 신도들을 위한 책무상 "5병 2어의 기적의 역사가 일어나게 하여 주시옵소서"라면서 기도하지만 자신도 이러한 기적의 사건이 실제로 일어날 것을 믿지 않는 목사가 상당수라는 것은 공공연한 비밀이고, 모든 신학자들은 이러한 기적의 축복설을 정면으로 부정한다.

이러한 기적의 축복설은 신화시대의 발상이었으며, 신화시대에도 실제로 일어나는 일은 없었다는 것을 우리는 확신할 수 있다.

왜냐하면 이러한 개개인의 욕심을 충족시키기 위한 기적이 무궤도 식으로 발생한다고 한다면 우주의 자연법칙이 변질되거나 파괴될 수밖에 없기 때문이다. 이에 올바른 기도의 자세로 키르케고르의 기도의 말을 참고하기를 권하고 싶다.

기도는 신에게 우리의 요구를 들어달라고 하는 것이 아니라 우가 신에게 관심을 갖게 하는 것이다. 그러므로 기도는 침묵과 경배 중에 신을 경배하는 행위이다.

시몬느 베이유는 "기도는 순수한 형태의 주의집중"이라고 했는 데 음미해 볼만한 말이다. 심지어 브루너는 "자기 자신만의 영혼을 구원하려는 어떠한 종교성이 강한 개인주의도 예수 그리스도 안에서 계시된 하나님의 뜻과는 모순된다"라고 하는 것을 보면 이기적인 축복설이 기독교 정신과 괴리되어 있음을 알 수 있다.

사람들이 예수를 믿고 교회에 다니는 목적은 기복에 있는 것이 아니라 하나님의 뜻인 사랑과 정의와 평화가 이 땅 위에 충만하도록 노력하는 데 있어야 한다는 것은 더 이상 말할 필요가 없는 일이다. 예수를 믿는다고 해서 환란이나 시련이 오지 않는 것도 아니다. 신자나 비신자나 모두 똑같이 오는 것이다.

소련의 만행으로 300여명의 귀중한 생명이 희생된 KAL기 사건의 경우를 생각해보자. 피격된 KAL기는 역학이나 중력의 법칙에 의해 바다에 떨어졌을 것이고, 승객은 모두 익사할 수밖에 없었을 것이다. 확률로 봐서 승객 중 4분의 1이나 5분의 1 정도인 50명 이상은 기독교 신자였을 것이다.

그러나 기독교 신자라고 해서 살아남았는가. 거기에 예외의 기적이란 있을 수 없고, 일상생활에서도 전혀 다를 바가 없다. 그러니 자연법칙에 위배되는 부자되게, 병낫게 등등의 이기적인 기도는 다시 검토되어야 한다.

그리고 다시 강조하는데 '교회출석=신앙'이 아니다. 정말 올바른 신앙은 가정이나 직장이나 사회에서 예수의 이웃사랑을 날마다 실천한다면 교회에 가지 않아도 진짜 훌륭한 크리스천인 것이다. 교회에는 빠지지 않고 열심히 다니면서도 예수의 사랑은 실천하지 않고 이기적인 축복만 바란다면 예수가 미워한 율법주의자밖에 되지 못한다.

또 십일조도 반드시 교회에만 바칠 필요가 없다. 배고프거나 헐벗었거나 가난한 이들을 도와주는 것이 좋다. 그것이 바로 하나님께 십일조를 바치는 일이다. 종교의식이 바로 종교가 아니라는 것을 알아야 한다.

기독교 신앙이란 관념의 유희가 아니라 바로 실천이요 모범이라는 것을 명심해야 한다. 교회에서 올바른 신앙생활을 갈구하면서 하나님 앞에서 성실하려고 노력하는 지성적인 평신도들은 필연적으로 '평신도의 신앙고민'이라는 것이 따르기 마련이다.

성경을 문자적으로만 해석하려는 교조주의에서 벗어나 신앙과 이성의 조화가 유지되기를 모색하는 전인적인 신앙생활을 해서 평신도의 신앙고민을 극복하기를 바라는 마음에서 아돌프 폰 하르낙의 지적을 옮겨본다.

이적(異蹟)에 대한 기사(記事)와 귀신에 대한 기사 종말에 대한 이야기는 복음을 전하기 위한 틀에 불과할 뿐이다. 솔직히 말해서 이적이 일어나는 것도 아니고 귀신이 있는 것이 아니고, 세상의 끝이 가까운 것도 아니다.

이것이 올바른 현대적인 기독교 신앙이 아닐까? 우주의 모든 존재는 누구도 시간의 사슬을 벗어날 수 없고, 생성과 소멸의 과정으로 영원불멸하는 존재는 있을 수 없는 오묘한 자연법칙의 지배 아래에 있다는 사실을 망각하고, 유독 인간만이 영생 불사하겠다는 발상은 욕심에 눈이 어두워진 어림없는 망상에 불과하다는 점을 각성해야 한다.

종교는 인간이 주어진 한계 상황을 초극하려는 애절하고 가긍한 소망의 성취를 장담해 주는 편리한 하나의 환상인지도 모른다. 그러나 기독교의 경우 사후에 천국에 가서 영원히 죽지 않고 영생 불사하겠다는 터무니없는 욕심은 버려야 한다.

왜냐하면 「창 3:22-24」에는 여호와 하나님께서 아담이 그 손을 들어 생명나무 과실도 따먹고 영생할까를 염려하셔서 하나님이 사람을 쫓아내시고 에덴 동편에 그룹들과 화염검을 두어 생명나무의 길을 지키게 하시는데, 하나님께서 금하시는 사람의 영생을 인간이 감히 바라서는 안 되기 때문이다.

사리에 맞지 않는 허망한 꿈에서 깨어나 종교의 올바른 의미를 되새겨 보아야 한다. 인생이란 한낱 과정에 불과하고, 영원히 설명할 수 없는 불가해 속에서 부침하고 있을 뿐임을 어찌하랴.